当代经管实战案例精选丛书

U0657001

祝恩扬 编著

大数据背景下
会计信息系统应用案例

Application Cases of
Accounting Information Systems
in the Context of Big Data

东北财经大学出版社
Dongbei University of Finance & Economics Press
大连

图书在版编目（CIP）数据

大数据背景下会计信息系统应用案例 / 祝恩扬编著. 一大连：东北财经大学出版社，2024.12.—（当代经管实战案例精选丛书）. —ISBN 978-7-5654-5437-0

Ⅰ. F232

中国国家版本馆 CIP 数据核字第 2024NU2506 号

东北财经大学出版社出版发行

大连市黑石礁尖山街 217 号　邮政编码　116025

网　　　址：http://www.dufep.cn

读者信箱：dufep@dufe.edu.cn

大连永盛印业有限公司印刷

幅面尺寸：170mm×240mm　字数：153 千字　印张：10.5　插页：1

2024 年 12 月第 1 版　　　　2024 年 12 月第 1 次印刷

责任编辑：李　彬　周　慧　责任校对：那　欣

　　　　　韩敌非　章蓓蓓

封面设计：张智波　　　　　版式设计：原　皓

定价：58.00 元

国家民委 2023 年度高等教育教学改革研究项目"铸牢中华民族共同体意识融入产学协同育人模式研究——以'会计信息系统'课程为例",项目号:23053。

2022 年辽宁省一流普通本科课程"会计信息系统",项目号:3692。

前言

　　本书旨在提高学生对会计信息系统的认识和理解，使学生能够将理论知识应用于实际问题中，培养学生熟知会计信息系统的实际应用场景和分析问题的能力。本书提供了9个教学案例和对应的案例使用说明。为便于教学使用，每个案例使用说明都包括了教学目的与用途、启发思考题分析思路、理论依据及分析、背景信息、关键要点和建议课堂计划，以期对案例使用者有所启发，达到抛砖引玉的效果。

　　在本书写作过程中，参考了许多案例材料，这些案例材料大都来自相关书籍、报纸、杂志和公告信息等。根据需要，对部分材料进行了不同程度的改编和删节。受形式所限，未一一指出案例的原始出处，在此对全部案例材料原始版本的所有编写者、整理者表示衷心的感谢！

　　本书在写作过程中，得到了大连民族大学国际商学院会计学科带头人高强教授以及会计系全体教师的大力支持，会计系22级全体同学为本书的编写提供了丰富的素材，在此表示衷心的感谢！

　　本书是国家民委2023年度高等教育教学改革研究项目"铸牢中华民族共同体意识融入产学协同育人模式研究——以'会计信息系统'课

程为例"（项目号：23053）和2022年辽宁省一流普通本科课程"会计信息系统"（项目号：3692）的重要成果之一。本书既可以作为应用型本科会计学专业"会计信息系统"课程的案例教学参考书目，亦可用于应用型本科和高职财会等专业的"会计信息系统"课程。

由于时间仓促和能力有限，书中难免存在不妥和疏漏之处，敬请广大读者不吝赐教！

作　者

2024年10月

▌目录

1 ××电路板有限公司ERP系统的人工智能应用

随着大数据等新兴技术的不断发展，人工智能出现在人们面前，并开始越来越多地应用到各个领域当中，可以说人工智能已经成为未来企业发展的主要方向。人工智能的出现给公司传统的企业管理业务带来了巨大的益处，不仅能够实现工作效率的提升，减轻财会人员的工作压力，也能够减少会计信息的失真，增强企业的核心竞争力，还能够更好地提高会计和审计信息的质量。但同时我们也不能忽视其出现对公司传统企业管理提出的挑战以及存在的问题。本案例首先对人工智能的相关概念进行阐述，分析人工智能对财会行业的影响。其次，以××电路板有限公司为研究对象，分析人工智能在财务领域ERP系统中的应用和遇到的问题，以及人工智能技术对××电路板有限公司的影响，并指出财会人工智能对财会人员的影响及挑战。最后，提出人工智能背景下财会人员的应对措施。希望能够帮助公司更好地在ERP系统中应用人工智能技术，以实现财会领域工作效率的提升及公司未来企业管理的更好发展。

1.1 案例正文

××电路板有限公司，位于广东江门的高新技术工业园区之内，主要从事电路板的制造，占地面积7万平方米，其中有5万平方米的厂房。企业经营规模较大，已经为越来越多的企业提供技术与产品支持。企业近年来非常注重产品质量的提升与品牌的打造，先后通过了多项质量管理体系认证，并且该公司近年来为了更好地提高资源的利用率和实施企业财务管理，开始启动人工智能技术在ERP系统的应用。

1.1.1 公司现状及行业背景

1）公司现状

（1）成立背景与地理位置

××电路板有限公司自创立以来，一直致力于电路板制造行业的发展与创新。公司坐落于广东省江门市，这里地理位置优越，交通便利，为公司的快速发展提供了良好的外部环境。凭借多年的行业经验和积累，××电路板有限公司已逐渐发展成为电路板制造领域的佼佼者。

（2）主导产品及技术

××电路板有限公司的主导产品包括单面板、双面板、多层板等多种类型的电路板，广泛应用于通信、计算机、消费电子等领域。公司拥有一流的技术研发团队，具备丰富的电路设计、生产和检测经验，能够根据客户需求定制高品质的电路板产品。此外，公司还致力于技术研发与创新，不断引进国内外先进技术，提高产品质量和生产效率。

（3）数字化转型

近年来，××电路板有限公司积极响应数字化转型的号召，将信息技术和智能化技术应用于生产和管理中。公司引入了先进的ERP系统，并将人工智能技术应用于其中，实现了生产、销售、采购等环节的数字化管理，提高了工作效率和决策准确性。同时，公司还加强了与互联网、大数据等技术的融合，为企业的创新发展提供了有力支持。

（4）产值与业绩

××电路板有限公司在产值和业绩方面取得了显著成果。随着公司规模的不断扩大和市场份额的逐步提升，公司的产值逐年增长，业绩稳步提升。同时，公司还注重成本控制和风险管理，确保了企业的稳健发展。

2）行业背景

在人工智能的时代背景下，那些具有高重复性和低复杂性的工作被人工智能所取代是一种必然的趋势。尤其是在会计行业中，人工智能的应用可以使从事庞大的数据计算以及数据校对等费时费力劳动的会计工作者解放出来。随着业务的发展，××电路板有限公司的财务数据核算量较大且复杂，会计人员在面临这些庞大的数据时不免会出现疲惫、眼花等生理上的不适，这种不适极易造成工作上的失误。

因此，××电路板有限公司人工智能在ERP系统中的应用，一方面可以节省时间、提高效率，只要将范围和计算方法编写正确就可以进行快速计算、分析、统计；另一方面，数据的录入比对与分析可以结合当下的大数据、区块链等技术手段，进行更全面、更准确的企业专门化数据分析和××电路板有限公司未来投资、资金运用的趋势预测。另外，人工智能在ERP系统中的应用可以实现更高效、智能化的企业管理。具体来说，人工智能通过利用机器学习、神经网络和自然语言处理等先进技术，对ERP系统中的数据进行深度分析和处理，帮助企业更好地管理生产、供应链、销售和客户关系等业务流程。在ERP系统中，人工智能可以发挥多种作用，从而更快速地处理和解决企业在运营过程中遇到的问题，从而显著提高企业的工作效率和生产力。

1.1.2　事件介绍

"公司成立20多年以来，我们的现金流一直比较稳定，不'缺钱'。但今年情况有些变化，我们才开始向银行贷款。"××电路板有限公司财务经理毛庆芳分析，"一方面，汽车客户向自动化、智能化方向发展，倒逼我们加大技术升级和改造的投入，生产高品质、更安全的多层细密电路板；另一方面，客户回款周期变长、人工成本抬升，这些都加剧了现金流的紧张局面。"因此，××电路板有限公司为了解决公司订单处理效率低下、难以实时掌握供应链已出现的库存积压、库存不足现象，以及更好地做好财务决策和提高企业资源利用效率等问题，公司已全面实行ERP系统中人工智能的管理应用，具体如下：

1）业务优化层面

引入此技术后，系统能够自动识别和分类订单，智能匹配库存和生产计划，实现订单的快速处理和准确跟踪。通过自动化流程，订单处理时间大幅缩短，错误率显著降低，从而提高了客户满意度和交货准时率。

2）物流管理层面

将人工智能技术应用于ERP系统后，公司可以实时跟踪供应链的各个环节，包括供应商交货、库存水平、物流运输等。系统能够基于大数据和算法模型进行智能预测和调度，确保库存水平合理、供应链稳定。这不仅降低了库存成本，还提高了供应链的灵活性和可靠性。

3）决策分析层面

将人工智能技术应用于ERP系统后，公司可以利用系统的数据分析和预测功能，对市场趋势、客户需求和竞争态势进行深入挖掘和分析。系统能够提供智能的决策建议和风险评估，帮助公司更好地把握市场机遇和风险，制定更科学和有效的战略和计划。

1.1.3　面临的问题

1）数据质量问题

ERP系统的财务管理模块依赖于准确和及时的数据输入。数据不准确或输入不及时，将导致财务分析的结果失真，影响决策的准确性。数据质量问题可能源于手动输入错误、数据转换过程中的错误或数据格式不一致等。

应对措施：重新收集数据。如果出现数据不准确的情况，需要重新收集数据，确保数据的准确性。检查数据输入。ERP系统出现数据不准确的情况可能是因为数据输入错误，因此需要检查数据输入是否正确。ERP系统出现数据不准确的情况也可能是因为系统参数设置不正确，因此需要检查系统参数设置是否正确。

2）人才短缺问题

人工智能和ERP系统的结合需要既懂技术又懂业务的人才。然而，目前市场上这类人才相对短缺，企业可能需要付出更多的成本来招聘和培养这类人才。

应对措施：企业可以通过内部培训、外部招聘等方式，加强对人工智能和ERP系统相关人才的培养和引进。同时，建立良好的激励机制和晋升机制，吸引和留住优秀的人才。

3）技术兼容问题

现有ERP系统使用的技术可能与人工智能算法所需的技术不兼容，需要进行系统升级或改造，这涉及较大的技术挑战和成本投入。

应对措施：企业应根据自身的业务需求和ERP系统的实际情况，选择合适的人工智能技术。同时，加强与人工智能服务提供商的合作，引入先进的技术和解决方案，提高系统的智能化水平。

4）数据泄漏问题

××电路板有限公司在引入人工智能系统进行财务管理后，未能充分重视数据安全保护。某次黑客攻击中，公司的财务数据遭到泄露，包括客户交易信息、供应商合同细节等敏感内容。这不仅导致公司面临法律诉讼和重大罚款，还严重损害了公司的声誉和客户关系。

应对措施：公司要建立严格的数据管理制度，采用先进的加密技术和安全防护措施，确保财务数据的安全性和隐私性。

1.1.4 尾声

××电路板有限公司在将人工智能技术应用于ERP系统后，取得了一系列显著的成效。

首先，人工智能技术的引入极大地提升了ERP系统的智能化水平。通过机器学习和数据分析，系统能够更准确地预测和规划企业的生产和销售需求，从而优化生产流程、降低库存成本，并提高整体运营效率。此外，人工智能还能帮助ERP系统实现自动化决策和智能分析，减少人工干预和错误，进一步提高企业的管理水平和竞争力。

其次，在人工智能技术的推动下，××电路板有限公司的生产和销售流程得到了进一步优化。系统能够实时收集和分析生产数据，及时发现并解决生产中的问题，提高产品质量和生产效率。此外，××电路板有限公司在人工智能技术的支持下，还实现了对企业资源的全面整合和优化配置。系统能够实时跟踪和管理企业的各项资源，包括原材料、设备、人力等，确保资源的充分利用和高效配置。

目前，××电路板有限公司人工智能应用于 ERP 系统已经取得了显著的发展成果，实现了高度的智能化和自动化，成为企业管理和决策的重要支撑，且对其他企业也具有一定的启示和借鉴意义。未来，随着人工智能技术的不断发展和应用范围的扩大，相信将有更多的企业能够从中受益。

1.1.5　启发思考题

（1）什么是将人工智能应用于 ERP 系统技术，××电路板有限公司为什么要采用这种方法？

（2）人工智能技术对××电路板有限公司的工作有哪些影响并促使其发生了什么变化？

（3）××电路板有限公司在人工智能应用于 ERP 系统的背景下，财会人员应有哪些应对措施？

（4）人工智能在××电路板有限公司的财务领域中的应用存在哪些财务风险和挑战，应如何加强监管？

1.2　案例使用说明

1.2.1　教学目的与用途

（1）本案例主要适用于"财务管理""财务报表分析""会计学"等课程，将人工智能技术用于 ERP 系统中，能够更好地管理企业和做决策等。

（2）本案例的适用对象是 CC、MB、会计学等经济类、管理类专业的本科生。

（3）本案例的教学目标：通过对××电路板有限公司人工智能在 ERP

系统的应用，引导学生理解人工智能技术在财务管理中的实际应用，及如何利用其进行决策支持，包括预算规划、成本控制、投资分析等；还有助于学生熟悉在 ERP 系统中如何建立有效的内部控制体系，确保财务数据的准确性和安全性，以及使学生了解财务管理领域的最新技术和发展趋势，如云计算、大数据、区块链等新技术，让学生获得将这些人工智能新技术与 ERP 系统结合的能力，为就业提供夯实基础，最后引发未来从事财会工作的学生对人工智能下财会工作智能化这一挑战的思考。

1.2.2 启发思考题分析思路

课堂按图 1-1 所示的思路引导学生展开讨论。

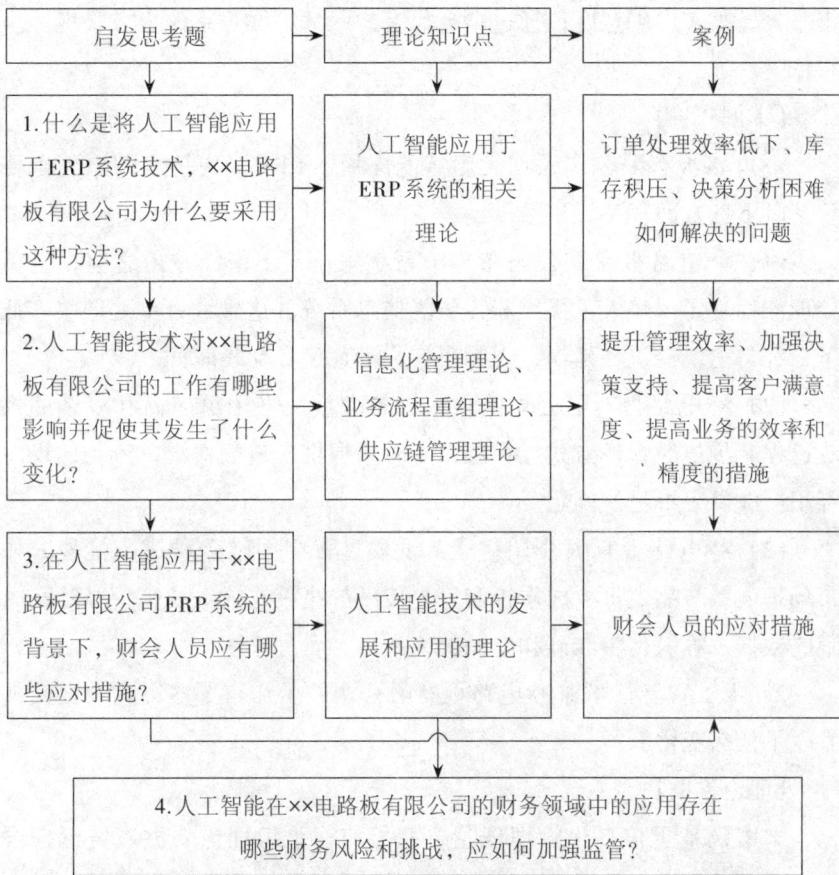

图 1-1 案例分析基本思路示意图

1.2.3 理论依据及分析

1) 什么是将人工智能应用于 ERP 系统技术，××电路板有限公司为什么要采用这种方法？

【理论依据】

本案例基于人工智能如何应用于 ERP 系统的相关理论，分析××电路板有限公司采用此种方法的原因。

人工智能应用于 ERP 系统是指将人工智能技术应用于 ERP（企业资源计划）系统中，实现更高效、智能化的企业管理。在 ERP 系统中，人工智能可以发挥多种作用。例如，它可以通过分析客户数据提出销售策略，提高客户满意度；通过自动化客户服务、推荐系统等方式提升客户体验。

【案例分析】

××电路板有限公司采用人工智能应用于 ERP 系统技术的原因主要涉及以下三方面：

（1）××电路板有限公司在 ERP 系统采用人工智能技术之前，订单处理流程主要依赖人工操作和传统的信息系统。这导致订单处理效率低下，经常出现错误和延误，影响了客户满意度和交货时间。

（2）××电路板有限公司的供应链管理涉及多个供应商和复杂的物流过程。传统的管理方式往往难以实时掌握供应链的情况，容易出现库存积压或供应不足的问题。

（3）××电路板有限公司在业务发展过程中面临多种决策挑战，如市场拓展、产品定价、成本控制等。传统的决策方式往往基于经验和有限的数据，难以作出准确和全面的判断。

2) 人工智能技术对××电路板有限公司的工作有哪些影响并促使其发生了什么变化？

【理论依据】

本案例基于信息化管理理论、业务流程重组理论、供应链管理理论，分析人工智能技术对××电路板有限公司工作的影响及促使其发生的变化。

信息化管理理论：ERP系统的人工智能应用是信息化管理的重要工具，它通过集成信息技术和管理方法，实现对企业资源的全面优化和配置。这一理论依据有助于××电路板有限公司利用人工智能技术提升管理水平，实现企业的信息化转型。

业务流程重组理论：在ERP系统实施人工智能的过程中，公司需要对其业务流程进行梳理和优化。业务流程重组理论强调了通过重新设计业务流程，提高企业的运作效率和响应速度。

供应链管理理论：ERP系统的人工智能应用有助于实现供应链的协同管理和优化。供应链管理理论强调通过整合供应链资源，提高供应链的效率和灵活性。××电路板有限公司可以借助人工智能技术加强与供应商和客户的合作，实现供应链的协同运作。

【案例分析】

人工智能技术对××电路板有限公司的影响和变化主要涉及以下四个方面：

（1）提升管理效率：通过ERP系统的人工智能应用，公司可以整合各部门的信息和资源，实现数据的实时共享和更新。这有助于减少重复劳动，优化业务流程，并降低管理成本。

（2）加强决策支持：ERP系统的人工智能应用提供了丰富的数据分析功能，使公司管理层能够更准确地了解企业的运营状况和市场趋势。这有助于管理层作出更明智的决策，推动企业持续发展。

（3）提高客户满意度：通过ERP系统的人工智能应用可以对供应链和客户关系进行有效管理，公司可以更好地满足客户需求，提高客户满意度和忠诚度。

（4）提高业务的效率和精度：如银行账簿自动化，金融机器人每天自动完成部分银行的账簿调整工作，无须人工介入。减少体力劳动，减轻企业员工的压力，减少了错误操作。

3）在人工智能应用于××电路板有限公司ERP系统的背景下，财会人员应有哪些应对措施？

【理论依据】

本案例基于人工智能技术的发展和应用的理论，分析人工智能应用于 ERP 系统的背景下，财会人员应采取的应对措施。

【案例分析】

在人工智能应用于 ERP 系统的背景下，公司财务人员应该采取以下几个方面的措施：

（1）意识转型

未来，人工智能将取代大部分的基础会计工作。因此，会计师应顺应社会发展趋势，积极转变观念，加快从基础会计向管理会计的转变。会计人员应加强在成本控制、预算管理、内部控制、税收计划、收入分析、资本运营、风险管理、预测和决策等方面的学习，灵活运用所学知识积极参加公司内部管理，为公司的经营和发展作出贡献。

（2）组织转型

意识如果变了，就必须从管理会计的职责来调整组织结构。①适当减少基础会计的职位，主要负责数据核对和审查。②由于财务功能和业务流程的变化，财务组织必须从政策决定、控制、实施三个方面形成以战略财务、业务财务及财务共享为中心的组织模式。

（3）知识转型

现阶段企业之间的竞争开始转变为优秀人才的竞争，而在人工智能时代企业之间的竞争同样体现在优秀的复合型财务人才之间的竞争。中高级会计师要摆脱财务思考，立足于公司的管理方向，做好知识转换和储备工作。财务管理专家可以在财务数据的基础上熟悉公司的各项业务，密切联系公司各部门，根据财务数据指出业务的缺陷，提出业务改善计划，指导预算和绩效计划，可以担任公司的风险管理和内部控制管理、企业和财务一体化信息系统的实施顾问。

4）人工智能在××电路板有限公司的财务领域中的应用存在哪些财务风险和挑战，应如何加强监管？

【理论依据】

本案例基于以下理论，分析人工智能在××电路板有限公司财务领域应用中存在的风险和挑战及应对措施。

黑箱理论：人工智能模型，尤其是深度学习模型，往往被视为"黑箱"，即其内部决策过程不透明。这增加了预测结果的不确定性，可能导致财务风险。

数据质量对预测的影响性：如果用于训练模型的数据存在噪声、偏差或不完整性，那么模型的预测能力将受到严重影响。

有限理性：行为经济学认为人们（包括人工智能系统）的决策往往是有限理性的，即受到信息处理能力、认知偏差和环境不确定性的限制。

算法稳定性与鲁棒性：算法的稳定性和鲁棒性对于处理复杂和动态的金融市场问题至关重要。如果算法缺乏这些特性，可能导致错误的交易决策。

【案例分析】

人工智能在××电路板有限公司的财务领域中的应用存在的财务风险和挑战主要表现在以下几个方面：

（1）××电路板有限公司在引入人工智能系统进行财务管理后，未能充分重视数据安全保护。

（2）公司使用人工智能系统进行财务预测和预算规划，但由于算法模型的缺陷或数据输入错误，导致预测结果严重偏离实际。这使得公司在投资决策、成本控制等方面出现了偏差，最终影响了公司的财务状况和市场竞争力。

（3）××电路板有限公司的财务流程部分实现了自动化，包括发票处理、账目核对等。然而，由于人工智能系统未能准确识别和处理某些复杂或异常交易，导致财务数据出现错误或遗漏。这些失误在后续审计中被发现，给公司带来了额外的成本和风险。

（4）随着人工智能在财务领域的广泛应用，××电路板有限公司的传统财务人员逐渐感到难以适应。一些员工缺乏必要的技能和知识来理解和操作新系统，导致工作效率下降和错误率上升。

××电路板有限公司对以上风险的应对措施有以下几类：

（1）完善数据安全管理制度：在采用先进的加密技术和安全防护措施的同时，还要定期对系统进行安全检查和漏洞修复，防止外部攻击和数据泄露。

（2）优化算法和决策机制：公司应投入资源对人工智能算法进行持

续优化和改进，减少偏差和错误。同时，建立合理的决策机制，确保人工智能决策与公司战略和业务需求相符。

（3）关注技术动态并持续更新：公司应密切关注人工智能技术的发展动态，及时了解和掌握新技术、新应用。同时，制订合理的技术更新计划，确保公司的财务系统能够跟上技术的步伐。

（4）加强员工培训和职业转型指导：针对人工智能带来的岗位变革和技能需求变化，公司应加强对财务人员的培训和转型指导。通过培训提升员工的技能和知识，帮助他们适应新的工作环境和职业；同时，提供职业转型支持，引导员工合理规划职业发展路径。

1.2.4　背景信息

1）中国行业市场对电路板的需求概况

电路板作为电子设备的核心组成部分，在各个领域的应用中都发挥着不可或缺的作用。随着中国经济的持续发展和科技的不断进步，各行业对电路板的需求呈现出多元化、专业化的趋势。本部分将从通信电子、消费电子、汽车电子、工控医疗，以及市场规模等方面，概述中国行业市场对电路板的需求，包括以下几个方面：

（1）通信电子需求增长

随着5G、物联网等通信技术的快速发展，通信电子行业对电路板的需求持续增长。高速、高密度、高可靠性的电路板成为通信设备的关键部件，支撑着通信系统的稳定运行和数据传输的高效性。未来，随着通信技术的进一步升级和网络覆盖面的不断扩大，通信电子行业对电路板的需求将继续保持增长态势。

（2）消费电子更新换代

消费电子市场是电路板需求的重要来源之一。随着智能手机、平板电脑、智能家居等产品的普及和更新换代，消费电子行业对电路板的需求不断增长。消费者对电子产品性能、功能和外观的要求不断提高，推动了电路板技术的不断创新和升级。

（3）汽车电子智能化

汽车电子化、智能化的发展趋势，使得汽车行业对电路板的需求持续增长。电路板在汽车中的应用范围广泛，包括发动机控制、车身控制、安全系统等方面。随着自动驾驶、车联网等技术的不断发展和应用，汽车行业对电路板的需求将进一步增加。

（4）工控医疗稳定发展

工业控制和医疗设备是电路板需求的重要领域。在工业自动化和智能制造的推动下，工控行业对电路板的需求稳定增长。同时，随着医疗技术的不断进步和医疗设备的智能化，医疗行业对电路板的需求也在不断增加。

（5）市场规模持续扩大

中国电路板市场规模持续扩大，这得益于各行业对电路板需求的增长以及技术进步的推动。随着国内电路板生产技术的不断提升和产业链的完善，中国电路板市场在国际上的竞争力不断增强。

（6）市场变革与投资机遇

随着市场竞争的加剧和行业整合的推进，电路板行业面临着市场变革的机遇和挑战。具备技术创新能力和市场竞争力的企业将获得更多发展机会。同时，投资者也应关注电路板行业的投资机遇，把握行业发展趋势和市场变化，以获取更好的投资回报。

因此鉴于以上现象，××电路板有限公司为了更快速地处理和解决企业在运营过程中遇到的问题，从而显著提高企业的工作效率和生产力，以便于更好地为市场提供电路板等商品，同时实现持续经营以及发展为电路板制造领域的佼佼者，采用了人工智能应用于ERP系统的管理技术。

2）××电路板有限公司所处行业地位

××电路板有限公司作为隶属于全球华商500强的建滔化工集团的一员，是江门市江海区高新区最大的外资企业之一。该公司专注于1到16层电路板的制造，经过多年的不懈努力，已经在行业内建立了良好的声誉。公司秉承"做中国电路板行业最优秀的制造者"的企业愿景，致力于改革、开拓创新，并因此获得了多项荣誉称号，如"高新技术企业A级纳税人"，拥有ISO9001、QS9000、ISO14000、OHSS18001等质量体系认证等。

除荣誉外，其还积极拓展国际市场，客户遍及全球。公司的出口销售占比较大，从销售水平来看，由于其产品质量和技术水平的优势，该公司成功吸引众多国内外客户，并与他们建立了长期稳定的合作关系，显示出其在国际市场上的竞争力。

近年来，××电路板有限公司积极响应数字化转型号召，将人工智能技术应用于 ERP 系统管理中后，实现了生产、销售、采购等环节的数字化管理，能够实时收集和分析生产数据，及时发现并解决生产中的问题，实现了对企业资源的全面整合和优化配置，提高了财务工作人员的工作效率和决策准确性，同时，公司还加强了与互联网、大数据等技术的融合，为企业的创新发展提供了有力支持。

1.2.5 关键要点

1）关键点：人工智能在 ERP 财务领域中的应用，人工智能技术应用对××电路板有限公司的影响，财会人工智能对财会人员的影响及挑战，人工智能背景下会计人员的应对措施，会计行业如何更好地运用人工智能应用下的 ERP 系统以实现工作效率的提升。

2）关键能力点：前瞻性思考能力，批判性思维能力，整理运用材料的综合能力，信息梳理与分析能力。

1.2.6 建议课堂计划

1）时间计划

本案例可以作为专门的案例，安排在"财务报告分析""财务会计理论与实务""会计学"等课程中进行讨论，整个案例的课堂时间控制在 90~100 分钟，具体安排如下：

课前计划：将案例涉及的相关内容和问题发给学生，请学生在课前完成阅读和初步思考，理解人工智能在 ERP 系统应用的基本原理和功能，形成对相关案例的初步印象，为接下来的案例讨论打好基础。

课中计划：充分调动学生的主观能动性，引发学生对课前问题的充分思考，加深对问题的理解。向学生阐明本次案例的主题，以及本次课的教学目的、要求、安排等。（2~5 分钟）

按照案例使用说明书中的"分析思路"部分提出的启发思考题，分组让学生自行讨论（30分钟），告知发言要求。

各小组以辩论赛的形式表达本小组对相关问题的看法和观点。（每组5分钟，控制在30分钟内）

辩论结束后，老师进行知识点的穿插讲解，引导全班同学进一步讨论，并进行归纳总结，提炼相关的知识点。（15~20分钟）

课后计划：如果学生在课后还存在疑问，请学生采用报告形式给出更加具体的解决方案，包括具体的职责分工，为后续章节内容做好铺垫。

2）课堂提问逻辑

结合案例启发思考题、案例发展情节以及课堂教学内容，归纳梳理理论依据与案例情节之间的逻辑关系与要点内容，从而激发学生参与的积极性，促使学生发散思维以及培养学生分析问题的能力。案例的课堂提问逻辑及参考问题，如图1-2所示。

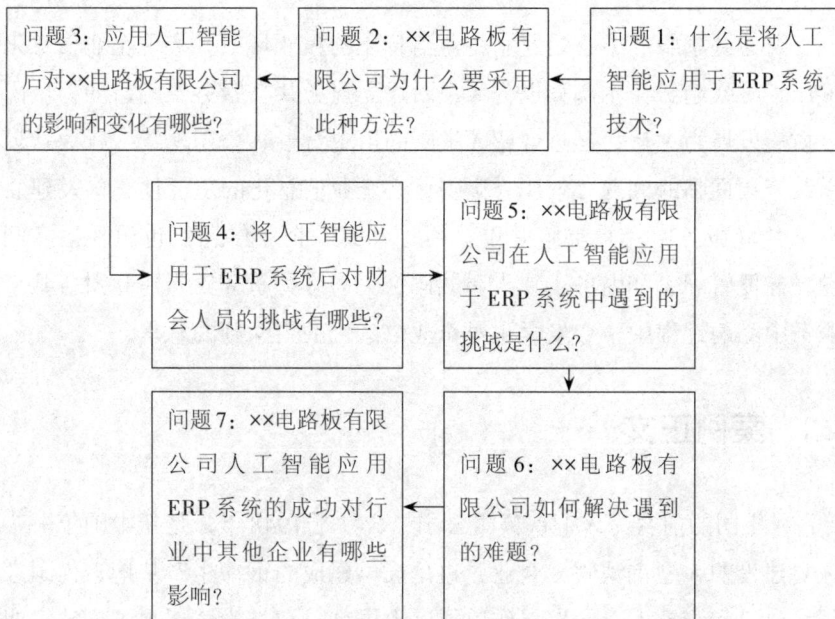

图1-2 课堂提问思维导图

2 建立财务共享服务中心
助力集团高质量发展

财务共享服务中心是建立企业信息化的重要环节，实现企业信息化顺应了时代趋势。本部分以为 A 集团建立财务共享服务中心，助力集团高质量发展为主旨，通过介绍 A 集团的历史背景、公司现状、行业背景以及公司面临的问题，说明 A 集团建立企业信息化的重要性，以及建立财务共享服务中心是重中之重。同时，实现企业信息化也面临诸多问题，需要管理者和财务工作人员共同努力。在分析 A 集团建立财务共享服务中心的过程中，启发学生对企业信息化的更深刻的认识。

2.1 案例正文

A 集团的前身是 A 钢铁集团公司，成立于 1948 年，是新中国第一个恢复建设的大型钢铁联合企业，也是最早建成的钢铁生产基地，为国家经济建设和钢铁事业的发展作出了巨大贡献，被誉为"新中国钢铁工业的摇篮"。

2010 年 5 月，A 钢铁集团公司和攀钢集团有限公司联合重组，组建了A集团。A集团在东北、西南、华北、东南、华南等地拥有7个生产基地。在2019年《财富》世界500强排行榜上，A集团以236.19亿美元的营业收入第六次上榜，位列榜单第385位，创历史新高。

"十二五"以来，国资委、财政部先后提出提升财务能力，加快财务转型，实现管理一流。企业集团探索利用信息技术促进会计工作的集中，逐步建立财务共享服务中心等。

在此背景下，2017—2019年，A集团历时三年，打造了财务共享服务中心。该中心具备统一核算、财务共享、中央数据仓库三大功能，建立了新型的集成化、标准化、流程化的财务核算体系，实现了会计核算由会计电算化到信息化的全面升级，工作效率明显提升，人员优化效果逐步显现，集团管控不断增强，有效助力了A集团的转型升级和高质量发展。

2.1.1　公司现状及行业背景

1）公司现状

A钢铁集团有限公司，是A集团最大的区域子公司。船舶、国防、汽车、铁路、家电……A集团产品在多个领域被广泛采用，已经成为我国大国重器的"钢铁脊梁"。

作为中国桥梁钢发展方向的引领者，A集团助力新中国实现"桥梁强国"的梦想。1956年，新中国作出了在江苏南京建设长江大桥、贯通京沪铁路线的决定。但在当时，符合设计要求的桥梁钢在国内却是空白，国务院把研发生产建设大桥所需钢材的重任交给了A集团。

炼钢的过程就像是一场战斗，A集团工人们在火焰冲天的炼钢炉边，通过不断地实验探索，最终研制生产出6.6万吨优质钢材，举世瞩目的南京长江大桥也得以建成，这批钢材因此被称为"争气钢"。

随着时代的发展，A集团制造的钢材在不断撑起一座座桥梁。在全球最长跨海大桥——港珠澳大桥工程中，A集团提供的17万吨桥梁钢全部应用于大桥工程主体，再一次以优质的品质支撑了中国重大工程建设。

截至2019年，A集团生产铁、钢、钢材能力均达到2 600万吨/年，并形成了跨区域、多基地的发展格局。

2）行业背景

财务工作对于中央企业的转型发展具有重要意义。2011年，国资委在京召开中央企业财务工作会议，会议提出，"十二五"时期和未来十年中央企业财务管理工作的总体思路是：完善财务功能，提升财务能力，加快财务转型，实现管理一流。

在国资委和财政部的要求下，央企财务共享服务中心建设呈现快速发展趋势，A集团就是典型企业之一。

2.1.2 事件介绍

1）钢铁行业形势低迷，股价暴跌出现问题

2014年，钢铁行业形势低迷，A集团旗下上市公司的股价暴跌，内部开始出现一系列问题。

各子分公司独立记账会导致财务数据处理的不一致性，从而影响公司的办事效率，并且流程缺乏统一的标准和规范，会使财务管理和决策的依据不够准确和可靠。各子分公司和项目也使用着不同的财务和业务系统，导致数据格式、处理流程和报表输出等方面存在差异，增加了财务管理的复杂性和难度。

更重要的是，传统的财务管理模式可能难以满足企业战略发展的需要。随着企业规模的扩大和业务的复杂化，传统的财务管理模式可能无法提供及时、准确的决策支持，限制了企业的战略发展，并且分散的财务管理模式，会引起资源的重复投入和浪费，也增加了人员成本和管理成本，使公司面临着运营成本较高的问题。

要想渡过钢铁行业危机的风波，就必须显现出A集团的优势，于是在内部改革的问题上，"各部门削减成本"就成为A集团的首要任务。

2）旗下上市公司扭亏为盈，*STA"摘星脱帽"

2014年，A集团选取了两家子公司建立财务共享服务中心，进行了初步的探索，之后发现效果显著，2014年3月30日A集团旗下上市公司正式扭亏为盈，*STA"摘星脱帽"，由此A集团财务共享服务中心的建设就从内部推广开来。

2016年，A集团为了加强管理，加快财务转型，提高财务工作效率，决定成立集团层面的财务共享服务中心，实现对全集团的覆盖。至此，A集团发现建立财务共享服务中心才是解决问题的根本，开始聚焦将共享财务构建为"一个中心、一个系统、一套标准"的发展目标。

3）A集团与用友平台合作，阶段成果逐渐显现

A集团财务共享服务平台与用友的合作，可以分为四个阶段：第一阶段自2017年开始，A集团应用用友的NC核算产品搭建了A集团的统一核算系统，对A集团非集成业务单位的核算系统完成了全面的替换；第二阶段从2017年到2019年，A集团与用友合作建设集团层面的财务共享服务平台，处理企业报账核算业务；第三阶段从2019年到2021年，与用友合作进行中央账务以及核算报表模块的建设，实现了A集团一本账，以及全集团合并报表通过一个平台来处理；第四阶段为2021年至今，A集团应用用友的产品对旗下上市公司A股份公司SP的核算系统做了全面的覆盖。

4）挑战众多困难重重，冷静应对步步解决

在财务共享服务中心建设的过程中，A集团也面临着一系列的挑战。

首先，行业门类多。在我国划定的国民经济20个门类中，A集团占了18个之多。

其次，信息化程度不均衡，A集团的主业单位和重点单位的信息化程度较高，辅业单位和非重点单位的信息化程度则相对较低。

再次，大型企业集团的财务共享服务中心建设，往往任务复杂，遇到的难题比较多，A集团将三个项目合而为一，其困难程度可想而知。除了工期紧张，项目还面临其他挑战，比如，会计核算规则难度大，基础数据梳理工作量大。

同时，对于没有主数据管理系统的单位，项目团队要求按照统一格式和标准，进行人工的数据整理，这些单位的数据经过整理后，逐一纳入财务共享服务中心。对于已有主数据管理系统的单位，则在A集团主数据管理系统上线后，与主数据管理系统建立接口，然后对数据进行整理，并建立映射关系。

最后，财务共享服务中心上线后，业务人员要到平台上提交申请，同时要负责粘贴单据和上传影像资料等，因此，还涉及业务人员的配合和观念转变的问题。

5）全面升级深入推广，提高效率解决难题

2017—2019年，A集团财务共享服务中心通过三年建设，具备了统一核算、财务共享、中央数据仓库三大功能，建成了新型的集成化、标准化、流程化的财务核算体系，实现了会计核算由电算化到信息化的全面升级，工作效率明显提升，人员优化效果逐步显现，集团管控能力不断增强，在助力A集团的转型升级和高质量发展方面，发挥了重要作用。

财务共享服务中心具备灵活的架构和功能，支持企业的新设、拆分、合并、历史数据迁移、划小核算单位、增加考核维度等，为集团转型发展提供了系统准备。同时，财务共享服务中心把财务人员从繁杂的核算工作中解放出来，为其向管理会计转型创造了条件。此外，财务共享服务中心的大数据应用，还为集团的决策提供了有力支持。这为集团转型发展提供了财务支持。

A集团原有100多套会计电算化软件，通过财务共享服务中心的建设，已经整合为一套信息化系统，大量减少了核算主体和核算账套，使得A集团财务信息化水平大幅提高。

这一系列措施也提高了核算效率，能够及时向A集团的管理层提供有价值的经济运行数据，同时降低了人力资源的占用，A集团对会计核算岗位进行了整合，解决了业务扩张、新建企业对财务人员的需求难题，也缓解了会计人员退休带来的压力。

财务共享服务中心建成后，利用信息化手段，实现刚性控制和阳光审批。审批的事项，在系统当中有权限的人可以查阅，而且全部留痕，随时随地都能调出来。另外，遇到没有预算、资金计划、前期挂账和审批超标等的事项，系统会自动控制，提前规避，使得相关人员无法发起业务，这样就把监督前置了。

A集团通过建立财务共享服务中心，实现加强集团管控、提高工作效率、优化配置资源、共享财务数据等目标，从而推动企业实现高质量发展，做到了核算流程、标准、操作平台统一，会计制度规范、财务管理有价值，也成功在行业"地震"的漩涡中存活至今。

2.1.3　面临的问题

1）行业多样性和地域分散性

A集团作为一个大型企业集团，其业务覆盖了多个行业，包括钢铁主业以及相关的辅业。不同行业在会计核算、财务管理方面存在差异，这导致了财务核算规则和标准的多样化。其业务和分支机构遍布全国甚至全球，不同地区的法律法规、税收政策、市场环境等存在差异，这要求财务管理必须适应各地的具体情况，从而增加了财务管理的复杂性。

由于历史原因和各业务板块的独立发展，A集团内部存在多个不同的财务信息系统和核算平台，这些系统之间的数据接口、流程标准、报告格式等往往不兼容，难以实现有效的信息共享和集中管理；不同行业和地区的管理团队可能有着不同的管理风格和企业文化，这直接影响到财务管理的决策过程和执行效率。由于行业和地域的差异，A集团内部资源分配存在不均衡，一些业务板块或地区可能获得更多的资源支持，而其他板块或地区则可能面临资源短缺的问题。

为了解决这个问题，A集团通过建立财务共享服务中心，实现了核算流程、标准和操作平台的统一，加强了集团管控，提高了工作效率和资源配置效率。

2）信息化程度的不均衡

A集团作为一家历史悠久的企业，其各业务板块和单位的发展历程不同，导致信息化建设的起点和进度不一致。一些主业单位和重点单位可能较早开始信息化建设，而辅业单位和非重点单位则可能因为各种原因（如资金、重视程度等）导致信息化进程较慢。

在企业发展的不同阶段，对于信息化的投资可能会有不同的优先级，主业单位和重点单位往往由于对企业的贡献更大，而获得更多的信息化投资，而辅业单位和非重点单位则可能在信息化投资上受到限制；不同业务板块和单位的管理层对信息化的重视程度可能不同，一些管理层可能更加重视信息化建设，积极推动相关项目的实施，而其他管理层可能对此重视不够，导致信息化进程缓慢。

这要求集团在财务共享服务中心的建设中，需要考虑到不同单位的信息化水平，采取相应的策略和措施来平衡这些差异。

3）会计核算规则难度大

在长期的发展过程中，A集团积累了不同的会计处理习惯和历史数据，这些习惯和数据可能与新的财务共享服务体系的要求不兼容，需要重新整理和标准化。

在建立财务共享服务体系时，需要将分散的信息系统整合到一个统一的平台。不同系统之间的数据结构、编码规则、接口标准等可能不一致，这要求在制定会计核算规则时考虑这些技术层面的整合问题；随着企业规模的扩大，其对内部控制和风险管理的要求也越来越高。会计核算规则需要能够支持有效的内部控制和风险管理，这要求规则不仅要符合会计准则，还要满足内部控制和风险管理的需要。

为了解决这些问题，A集团需要建立一个跨部门的团队，由会计、信息技术、业务流程管理等领域的专家组成，共同制定和实施新的会计核算规则。同时，需要对现有信息系统进行升级和集成，以及对员工进行充分的培训，以确保新的核算规则能够顺利执行并提高整体的财务管理效率。

4）与用友的合作

A集团正在使用的财务系统或软件，与用友的系统进行整合可能会遇到技术兼容性问题。需要确保新旧系统无缝对接，使数据能够顺利迁移和共享。

每家企业的业务流程和需求都有其独特性，用友的标准财务软件需要根据A集团的特定需求进行调整和定制，这会涉及额外的开发工作和成本；一旦新系统上线，A集团需要用友提供持续的技术支持和维护服务。确保服务的质量和响应速度，对于系统的稳定运行至关重要；虽然与用友的合作可能会带来长期的效益，但短期内可能需要较大的投资。进行成本效益分析，确保投资回报率符合企业的预期，这是管理层的关注重点。

　　为了解决这些问题，A集团需要与用友建立紧密的合作关系，进行详细的需求分析和系统设计，制订周密的实施计划，并确保有足够的资源投入到项目的培训和推广中。

2.1.4　尾声

　　在面对A集团这样管理层级较多、管理链条较长的大型企业时，我们可以通过引入先进的财务管理信息系统，实现对各个层级和部门的财务信息集中管理和实时跟踪，使财务数据更加透明，降低管理层级的信息延迟和失真度，提高决策效率。A集团需要不断优化财务管理流程，减少冗余环节和审批层级，提高效率，可以考虑引入预算管理、绩效考核等手段，强化对各级管理者的责任心和业绩导向；还要加强对风险的识别、评估和管控，建立健全内部控制制度，通过内部审计和风险管理工作，及时发现和解决财务管理中的潜在问题，确保企业的健康发展。

　　面对财务数据分散、不统一导致财务人员加班加点的问题，A集团可以考虑通过引入统一的财务核算系统，整合各个核算系统数据，实现统一的财务数据管理。这将减少数据重复录入和处理的工作量，避免数据不一致和错误；引入自动化财务管理工具，如财务软件、数据处理工具等，提高财务数据处理的效率和准确性，减少人工操作，减少财务人员的工作量；实施标准会计核算规则，制定并实施统一的会计核算规则，确保集团内各业务、部门的会计核算方法一致，这样可以减少核算复杂性、避免数据不一致，并减轻财务人员核算时的工作负担。

2.1.5　启发思考题

　　1）什么是财务共享服务中心？它的建立与社会主义核心价值观有何联系？

　　2）A集团是如何结合会计信息化改善困境的？

　　3）从控制关键点原则管理角度如何分析？

　　4）A集团建设财务共享服务中心的改革是否具有推广意义？

2.2 案例使用说明

2.2.1 教学目的与用途

1）本案例适用于"财务报表分析""财务会计理论与实务""会计学"等课程相关内容的教学。

2）本案例的适用对象是经济类、管理类专业的本科生。

3）本案例的教学目标：为学生提供财务管理在现代企业中如何实现创新和转型的重要视角，以及学习如何将先进的管理理念和技术应用于财务管理实践中，以推动企业的高质量发展。

2.2.2 启发思考题分析思路

教师可以根据自己的教学目标（目的）来灵活使用本案例。这里提出本案例的分析思路，仅供参考（如图2-1所示）。

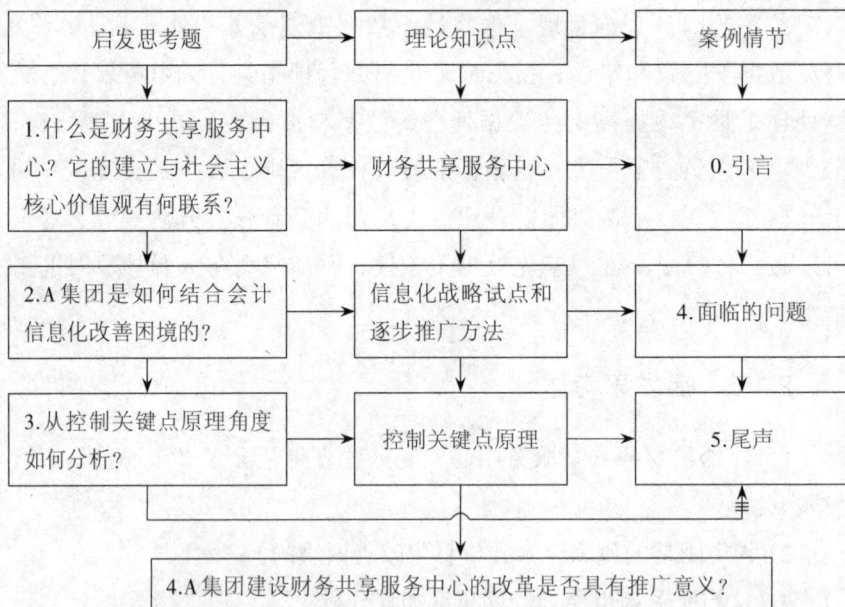

图2-1 案例分析基本思路示意图

2.2.3 理论依据及分析

1）什么是财务共享服务中心？它的建立与社会主义核心价值观有何联系？

【理论依据】

本案例基于财务服务共享中心理论，分析它的建立与社会主义核心价值观的联系。

财务共享服务中心（financial shared service center，FSSC）是一种管理模式，它将一个组织内的所有或大部分财务事务处理活动集中到一个独立的单位或部门来实现。这个中心单位负责为组织内的各个业务单元或部门提供标准化的财务服务，如会计记账、报表编制、资金管理、成本控制、税务处理等。

财务共享服务中心的建立旨在提高财务运作的效率和质量，同时降低成本，增强企业的竞争力。它允许企业将更多的精力投入到高价值的活动中，如战略规划、财务分析。财务共享服务中心与社会主义核心价值观在多个层面上相吻合，它不仅是一种管理模式的创新，也是社会主义核心价值观的具体体现。通过财务共享服务中心，企业可以在提高经济效益的同时，促进社会主义核心价值观的传播和实践。

【案例分析】

建立财务共享服务中心的主要目的就是建立一个数据共享平台，保证数据共享的同时也保护其数据不被操纵，督促各个部门提高效率，做到对数据诚实守信，对工作爱岗敬业。与社会主义核心价值观的具体联系为：

（1）和谐与公正：

A集团建设的财务共享服务中心通过集中处理财务事务，实现资源的合理分配和流程的标准化，有助于减少内部摩擦，解决了A集团内部层级过多的问题，促进各部门之间的和谐共处。同时，统一的流程和标准确保了服务的一致性，体现了公正原则。

（2）诚信与敬业：

A 集团建设的财务共享服务中心要求员工具备高度的专业素养和敬业精神，确保财务数据的准确性和服务的质量。这样不仅避免了财务信息造假的问题，同时这种对财务工作的认真态度和对数据的诚实守信，也体现了社会主义核心价值观中的诚信和敬业要求。

（3）法治与平等：

A 集团建设的财务共享服务中心在运营过程中，严格遵守相关的法律法规和政策，确保所有财务活动的合法性和合规性。同时 A 集团为所有业务单位提供平等的服务，不偏袒任何一方，体现了法治和平等的原则。

（4）富强与文明：

A 集团建设的财务共享服务中心通过提高财务管理的效率和效果，有助于企业的成本控制和价值创造，在促进企业价值提升的同时促进国家富强。同时，也代表了现代企业管理的文明程度和专业水平。

（5）爱国与友善：

A 集团建设的财务共享服务中心在提升企业竞争力的同时，也为企业履行社会责任、提高国家税收和促进经济发展作出贡献，体现了爱国精神。此外，A 集团建设的财务共享服务中心通过优化内部服务，促进企业内部的人际和谐，表现出友善的一面。

2）A 集团是如何结合会计信息化改善困境的？

【理论依据】

本案例基于会计信息系统相关理论，分析它的建立对于改善 A 集团困境的作用。

会计信息化是会计与信息技术的结合，是信息社会对企业财务信息管理提出的一个新要求，是企业会计顺应信息化浪潮所作出的必要举措。它是网络环境下企业领导者获取信息的主要渠道，有助于增强企业的竞争力，解决会计电算化存在的"孤岛"现象，提高会计管理决策能力和企业管理水平。

【案例分析】

A 集团为改善困境进行会计信息化的计划分两步：

首先，瞄准业务痛点发力。A集团选取了两家子公司建立财务共享服务中心，进行了初步的探索。

其次，先试点再推广，分功能交叉推进。A集团建设的财务共享服务中心有一个特点，即三个项目合而为一。会计核算统一是财务共享的基础，中央数据仓库的建设则可以弥补核算系统的分散性，因此将二者与A集团建设的财务共享服务中心合并到一个项目中。

在企业数字化、智能化转型过程中，需要统筹规划，同时要具有前瞻性，规划要符合企业未来的发展方向，并减少重复建设，还要广泛宣传，齐心协力。从管理层到基层单位，都要乐于和勇于作出变革，这样才能顺应数字化、智能化转型的趋势，同时也使得企业规划的项目能够真正落地。

3）从控制关键点原理角度如何分析？

【理论依据】

本案例基于控制关键点原理，分析A集团如何建设财务共享服务中心。

控制关键点原理是控制工作的一条重要原理，强调选择关键点作为控制标准，有重点地实施控制，从而提高控制工作的效率和效果。

控制关键点原理主要反映了在控制工作中应如何处理好主要矛盾和次要矛盾的关系问题。主管人员应善于抓住组织活动中的关键点，以重点控制达到控制全局的目的。同时，主管人员应锻炼和培养自己认识和正确处理关键问题的能力。

计划评审技术是一种在有着多种平行作业的复杂的管理活动网络中，寻找关键活动和关键线路的方法。它是一种强有力的系统工程方法，其成功运用确保了大型工程项目的提前和如期完成。

【案例分析】

控制关键点原则是指把握问题关键，注意集中控制主要问题。A集团面临的集团内财务问题是：

首先，如何解决行业多样性和地域分散性导致的财务费用增加和效率低的问题。

其次，如何解决集团内各单位信息化程度不均衡的问题。

最后，如何统一集团内会计核算规则、会计信息标准化的问题。

A集团通过研究如何控制这些关键问题点，最终决定建设财务共享服务中心，以此针对性地解决面临的危机。

4）A集团建设财务共享服务中心的改革是否具有推广意义？

【理论依据】

本案例基于财务服务共享中心理论以及时代背景，分析A集团建设的财务共享服务中心是否具有推广意义。

时代背景：在电算化时代，信息技术是工具，是会计人员手脑功能的延伸。会计人员的思维、方法、流程、手段也就成为会计软件摆脱不了的框框。因此，电算化就是手工核算的模拟，其过程对于每家企业来说都是基本相同的。过去发布的会计电算化相关文件正是基于这一理念制定的，更多地反映了对电算化核算过程的规范性、统一性、强制性要求多。

信息化不同于电算化。在信息化时代，信息技术不仅是工具，更是企业经营管理的环境，是企业组织会计工作应当考虑的众多因素之一。而每家企业面临的环境因素都是不同的，信息技术和其他环境因素相互影响和适应，共同决定着不同的会计方法、流程、组织结构，以及会计与其他经营管理活动的关系。因此，过去的一些政策理念和方法已经不再适用，甚至阻碍了会计信息化的进一步发展。

A集团建设的财务共享服务中心顺应了信息化时代的要求，摆脱了"模拟手工"的电算化思维，在很多方面突破了过去的规定和现行的做法。同时，把会计信息化放在企业整体经营管理环境中，重视会计与其他业务活动的有机联系，强调会计信息化带来的工作流程和模式的革新，以及信息化与制度环境的互动，有助于企业充分合理利用信息技术，提高会计管理水平。

【案例分析】

推广A集团建设的财务共享服务中心，原因有三点：一是互联网冲击。互联网与行业结合已成为不可逆的趋势。二是钢铁行业爆雷。行业形势受到冲击，大环境不好。三是内部结构冗余。冗余的内部结构导致信息不对称，呈现形势不一致。

从原因出发，A集团做法的推广意义就显得弥足珍贵。首先在2024这个时点，互联网的冲击不比2014年小，诸如：第一个获得公民身份的机器人索菲娅，还有阿尔法狗、ChatGPT等，不胜枚举，许多行业的基础活动也在冲击下被迫逐步向自动化转变；其次是随着经济全球化的进一步发展，各国经济愈发紧密，各国尖端行业在世界这一舞台同台竞技，很容易就造成国内很多中小微企业甚至一些虽然大但是没有突出技术的大企业"性命垂危"，行业危机不止"低迷"；最后虽然各个公司不一定会有同A集团一样的问题，但是互联网+企业运营已经成为时代趋势，引入信息系统不限于A集团，也不限于财会行业，任何行业都将采取这一办法，步入并见证"第四次工业革命"——信息时代的进一步发展。

所以，A集团的做法非常具有学习和借鉴的意义。

2.2.4　背景信息

1）中国钢铁行业概况

钢铁工业是国民经济的基础产业，是技术、资金、资源、能源密集型产业，在整个国民经济中具有举足轻重的地位，涉及面广、产业关联度高、消费拉动大，在经济建设、社会发展、财政税收、国防建设以及稳定就业等方面发挥着重要作用。中国经济的高速增长和广阔的市场前景，为钢铁行业的发展提供了机遇和动力。目前，中国还处于工业化和城市化进程中，固定资产投资是中国钢铁业发展的主要动力，中国已连续多年成为世界最大的钢铁生产和消费国。

我国钢铁行业取得了巨大成就，但也面临着许多问题，钢铁行业的发展受到资源和能源的约束，如铁矿石、煤炭等原料运输条件差；结构调整中存在市场需求预期过高、淘汰落后难度加大、出口结构不合理和企业联合重组进展缓慢、机制改革明显滞后几大问题。

与世界先进国家相比，我国钢铁行业主要存在三方面的差距：一是产业集中度不够，近十年来是逆集中发展，弊端包括行业规模效率较低、对上下游企业的谈判地位降低、控制产能增长等监管难度增加；二是在高附加值产品的产量、质量、品种、规格上存在较大差距，在新工艺、新装备、新技术原始性开发及工程化方面存在差距；三是从可持续发展的角度看，我国企业能耗偏高，环保上存在较大差距。

2）A集团所处行业地位

A集团作为中国钢铁行业的龙头企业之一，其地位和影响力在国内外市场上都极为显著。2023年，A集团以2663万吨的产钢量展现了其在行业中的领先地位，这一数字不仅代表了公司的生产实力，也反映了其在市场中的竞争优势。在此基础上，A集团计划在2024年投资42亿元用于新项目的建设，这一投资决策不仅显示了公司对未来发展的信心，也预示着其在行业中的持续增长和扩张潜力。

在产品方面，A集团的产品线非常丰富，涵盖了从汽车板、家电板到集装箱板、造船板、管线钢、冷轧硅钢等多个领域。这些产品在各自的细分市场中都具有较高的需求，这不仅得益于A集团在产品质量上的严格把控，也得益于其在技术创新和市场趋势把握上的敏锐洞察力。A集团股份公司作为集团旗下的核心企业，已经发展成为一个以精品板材为主的制造基地，其产品广泛应用于多个行业，为集团的稳定发展和市场地位的巩固提供了坚实的基础。

在响应国家"双碳"目标方面，A集团走在了行业的前列。2022年，A集团的吨钢碳排放量比2000年下降了约1.5%，这一成就不仅体现了公司对环境保护的承诺，也展示了其在实现可持续发展方面的实际行动和成果。作为央企，A集团在这一领域的努力和成效，无疑为其他企业树立了良好的榜样。

科技创新和数字化转型是A集团近年来重点关注的领域。通过建设智能化集控中心，公司不仅提高了生产效率和能源利用效率，还实现了钢铁全流程的降碳。这些举措不仅提高了公司的运营效率，也为整个钢铁行业的智慧化转型提供了宝贵的经验和示范。A集团近年来在科技创新和数字化转型方面作出了显著的努力，这些努力背后有着深刻的背景和战略考量。

A集团在钢铁行业中的地位是多方面的，不仅体现在其产量和业务规模上，更体现在其对行业发展趋势的引领上，尤其是在绿色低碳和数字化转型方面。这些努力和成就，使得 A 集团在现代化产业体系中占据了不可替代的重要地位，并为推动整个行业的高质量发展作出了重要贡献。

2.2.5　关键要点

1）关键点：A 集团建设的财务共享服务中心的定义、作用；A 集团建设的财务共享服务中心对以后年度集团盈利能力的提升影响；在现在的时点，A 集团面对再一次行业危机的抵御能力；A 集团在财务共享服务中心建设中遇见的问题以及加强相关监管的方法。

2）关键能力点：面对危机的处理能力、信息梳理与分析能力、整理运用材料的综合能力、批判性思维能力、前瞻性思考能力。

2.2.6　建议课堂计划

1）时间计划

本案例可以作为专门的案例讨论课来进行。以下是按照时间进度提供的课堂计划建议，仅供参考。

整个案例课的课堂时间控制在 55~60 分钟。

课前计划：提出启发思考题，请学生在课前完成阅读和初步思考。

课中计划：简要的课堂前言，明确主题　　　　　　　（2~5 分钟）

　　　　　　分组讨论，告知发言要求　　　　　　　（10 分钟）

　　　　　　小组发言，控制在 30 分钟内　　　　　（每组 5 分钟）

　　　　　　引导全班进一步讨论，并进行归纳总结　（10~15 分钟）

课后计划：如有必要，请学生采用报告的形式给出更加具体的解决方案，包括具体的职责分工，为后续章节内容做好铺垫。

2）课堂提问逻辑

结合案例启发思考题、案例发展情节以及课堂教学内容，归纳梳理理论依据与案例情节之间的逻辑关系与要点内容，从而激发学生参与的积极性，促使学生发散思维以及培养学生问题分析的能力。案例的课堂提问逻辑及参考问题，如图 2-2 所示。

问题 1：什么是财务共享服务中心？

问题 2：A集团怎么建设财务共享服务中心？

问题 3：它的建设与社会主义核心价值观有何联系？

问题 4：A集团在建设财务共享服务中心的过程中遇到了什么困境？

问题 5：A集团是如何结合会计信息化改善困境的？

问题 6：什么是控制关键点原理？

问题 7：从控制关键点原理管理角度如何分析？

问题 8：A集团建设财务共享服务中心的改革是否具有推广意义？

财务共享服务中心与社会主义核心价值观

会计信息化

控制关键点原理

财务共享服务中心的推广意义

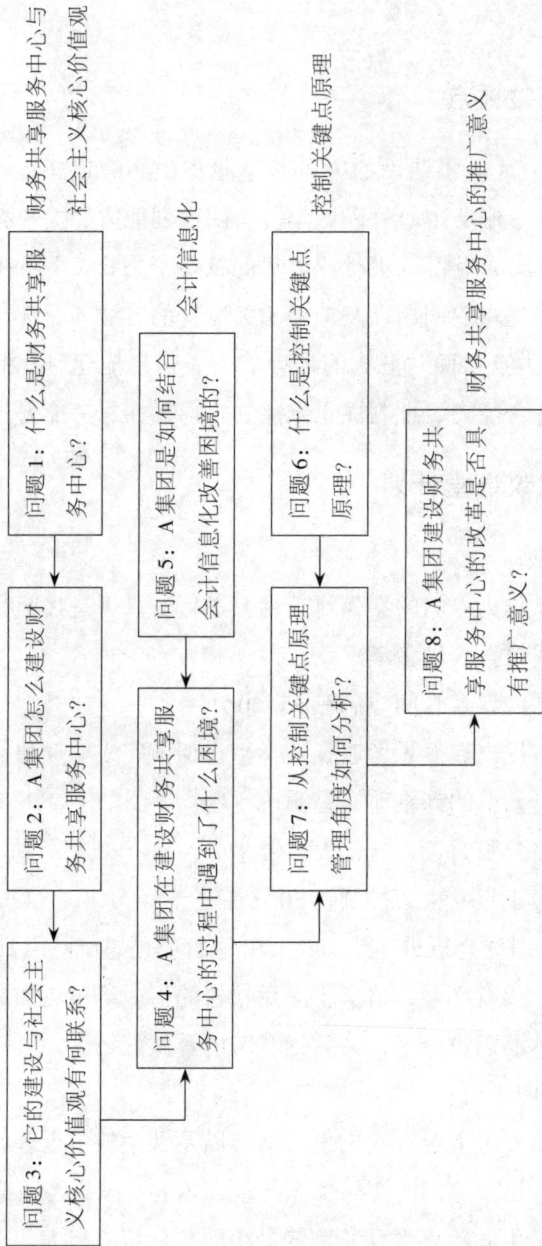

图 2-2　课堂提问逻辑示例图

2.3　主要参考文献

［1］A集团财务有限责任公司.财务公司创新金融服务体系助力鞍钢集团高质量发展［J］.冶金财会，2024，43（2）：4-12.

［2］李景东.A集团财务共享服务中心建设实践［J］.冶金财会，2023，42（2）：34-37.

［3］原诗萌.A集团：建立财务共享服务中心助力集团高质量发展［J］.国资报告，2020（7）：102-105.

3 L网财务系统遭受重大安全事件的案例分析

2018年6月4日14时35分，L网（北京）科技有限公司财务人员上报公司财务总账系统（EBS系统）出现故障，无法登录。经过排查确认，财务系统4台服务器的数据被删除，包括数据库的备份数据、应用程序目录和归档数据，数据总大小为9TB，导致EBS系统无法登录和服务不可用，系被人为恶意删除的。当天正是公司财务月结的关键时期，EBS系统不可用直接导致当月无法月结，如财务系统被删除的数据无法恢复将危及公司的正常运营，令公司蒙受损失和风险。

3.1 案例正文

对于房屋交易中介公司而言，存储着海量信息的数据库是公司正常运转的"定海神针"，关系着房屋信息查询、交易信息录入和财务结算等多个关键环节。然而，L网（北京）科技有限公司（以下简称L网）却因为财务系统9TB数据及应用程序被恶意删除，致使该公司财务系统彻底无法访问，间接影响次日该公司全国房屋买卖佣金结算。为了恢复数据及重新构建该系统，L网共计花费人民币18万元。

3.1.1 公司现状及行业背景

1）公司发展状况

L网（北京）科技有限公司成立于2001年，是中国领先的房地产服务企业之一。其主要业务涵盖二手房、新房、租房等全方位房产交易和居住服务。该公司以数据驱动的全价值链房产服务平台为目标，提供从找房到签约的各类线上产品，帮助提高交易效率，优化交易体验。

自成立以来，L网经历了几个重要的发展阶段：

2010年，新版"L在线"上线，标志着其线上平台的初步形成；2011年，"L在线"率先承诺100%真房源，并在中消协建立先行赔付保障金，显示出其对服务质量的重视；2014年，"L在线"更名为"L网"，并宣布L网理财产品"家多宝"上线，同时其数据中心成立，楼盘字典数据建设进入快速通道，为L网的平台化战略提供了坚实的基础。

2015年，基于L网O2O模型的"楼盘字典V2.0"开始迭代上线，为L网的平台化战略提供了坚实的基础。同年，L网宣布上线新房频道，进军新房交易市场，并斩获"传统企业互联网+创新奖"。6月，L网宣布成立1亿元先行赔付基金，涵盖五大类情况，为客户提供更全面的保障。10月，L网海外置业上线，进入美国、加拿大、英国、澳大利亚等国家。截至目前，L网已经进驻北京、上海、广州、深圳、天津、成都、青岛、重庆、大连等28个城市和地区，全国直营门店数量超8 000家，旗下经纪人近15万人。L网致力于提供安全有品质的服务，在行业率先承诺"不吃差价"、首倡"真房源"、推出"交易不成 佣金全退""电话营销 扰一赔百"等18项安心服务承诺。此外，L网还积极拓展多元化业务，如新房业务已覆盖25个城市，提供专业的新房咨询顾问服务，海外业务已进驻美国、澳大利亚、新西兰等10个国家。

2）行业背景

随着中国城市化的加速，租房市场需求不断增长，租房中介行业也得到了快速发展。租房中介行业是一个新兴的行业，它为房主和租户提供租赁服务，满足了他们的需求，使租房变得更加便捷和安全。

目前，租房中介行业正在迅速发展，其前景十分广阔。随着政府政策的支持，租房中介行业将得到更多的发展机会。政府将加大对租房中介行业的监管力度，确保行业的健康发展。此外，政府还将加大对租房市场的投入，为租房中介行业提供更多的发展机会。

随着科技的发展，租房中介行业也将受益匪浅。目前，许多租房中介公司已经采用了先进的科技，如人工智能、大数据等，以提高服务效率。未来，随着科技的发展，租房中介行业将更加智能化，为客户提供更便捷的服务。

目前，租房中介行业还处于发展初期，未来发展潜力巨大。随着政府政策的支持、科技的发展，以及市场需求的增长，租房中介行业将迎来更大的发展机遇。未来，随着行业的发展，租房中介将成为人们租房过程中不可或缺的一部分。

3.1.2 事件介绍

2018年6月4日，L网技术保障部杨某发现公司财务系统服务器应用程序出现故障无法登录，就派技术人员到机房进行检查，发现财务系统服务器（EBS系统）应用程序及9TB的数据被恶意删除。

经过一系列调查发现，数据库管理员韩某对组织调整有意见，他觉得自己不受重视，便利用其担任并掌握该公司财务系统"root"权限的便利，登录该公司财务系统，并将系统内的财务数据及相关应用程序删除，致使该公司财务系统彻底无法访问。被破坏的服务器是公司专门用于EBS系统的2台数据库服务器和2台应用服务器，存放着公司成立以来所有的财务数据，直接影响公司人员的工资发放等，对公司整个运行有非常重要的意义。

3.1.3 面临的问题

1) 9TB数据消失

2018年3月，毕业于乌克兰某知名大学的韩某入职L网后，主要负责财务系统及数据库维护。他技术水平高、实操能力强，此前曾多次向公司反映财务系统数据库存在安全漏洞。但是，公司经评判后并未采纳其建议。案发前不久，也就是 2018 年 5 月，韩某的工作岗位由财务线调整至信息化线，工作地点也发生了变化。此次工作岗位调整，与韩某之前谏言失败并与同事发生不快不无关系。由于他拒不配合调查，公安机关认为其具有重大作案嫌疑。此外，公安机关在取证中，查明进入财务系统并执行删除操作的 IP 地址及关联主机名为 Yggdrasil，该主机名的登录信息显示员工认证为韩某。

2）财务系统全面瘫痪

调查显示，韩某在删除数据之前，曾多次向公司反映财务系统数据库存在安全漏洞，但公司并未采纳他的建议。2018 年 5 月，韩某的工作岗位由财务线调整至信息化线，这可能也是他采取这一行动的原因之一。这次事件给 L 网造成了巨大的损失。为了恢复数据和重新构建财务系统，公司共花费了人民币 18 万元。此外，由于正值公司季度结算期间，为了避免造成更大的影响，公司不得不紧急应对，聘请了第三方专家进行数据修复。

3.1.4　尾声

L 网在防止未来类似事件的发生上采取了一系列措施。首先，他们推出了"安心服务承诺"，包括但不限于退还居间服务费、税费精算等服务费，这些承诺旨在降低用户的损失，并提升用户的服务体验。其次，L 网还设立了亿元保障金，用于解决更多的客诉场景，使得赔付体验大幅提升。此外，L 网还不断扩大保障内容和范围，例如，苏州 L 网已累计支付安心保障金 1 769.86 万元，化解了 1 622 笔交易风险。

L 网通过一系列的服务承诺和保障措施，努力保障消费者的权益，减少交易过程中的风险，从而预防未来类似事件的发生。这次事件也为整个房地产科技行业敲响了警钟，警示各企业必须强化信息安全防护意识，完善内控体系，确保企业数据资产的安全无虞。

3.1.5 启发思考题

1）在这个案例中，公司的权限管理混乱，员工拥有了超出其工作需要的权限。你认为公司应该如何改进权限管理和访问控制机制，以防止类似事件再次发生？

2）数据库管理员韩某因不满工作调整而滥用权限，给公司造成了巨大损失。你认为公司在员工行为管理方面存在哪些不足？如何加强员工行为管理，避免员工滥用权限情况发生？

3）L网财务系统的彻底瘫痪给公司带来了巨大的风险管理压力和损失，你认为公司应该建立怎样的业务连续性计划，如何运用BCP理论，以应对类似的突发事件，减少损失？

4）案例中提到韩某对工作调整不满，可能影响了其行为。你认为公司应该如何运用好期望和社会认同等理论改善组织文化，提高员工满意度，减少类似事件的发生？

3.2　案例使用说明

3.2.1　教学目的与用途

1）本案例主要适用于"会计信息系统""信息安全管理""数据库管理""企业管理""信息技术治理""金融与财务管理"等课程。

2）本案例的适用对象是经济类、管理类专业本科生。

3）本案例的教学目标：通过L网案例中展示的由于权限管理不当和信息安全意识不足而导致的严重后果，使学生深入了解信息安全管理、权限管理、系统安全性和风险管理等方面的知识，引导学生思考如何正确地进行权限管理和访问控制，避免员工滥用权限导致安全事故，建立健全的应急响应机制，确保业务连续性，同时引发学生思考组织文化对员工行为的影响，以及如何有效地管理和激励员工，培养其在实际工作中正确处理类似情况的能力和意识。

3.2.2　启发思考题分析思路

课堂上，教师可以按照图3-1所示思路引导学生展开讨论（该图仅供参考，教师可以根据自己的教学目的进行调整）。

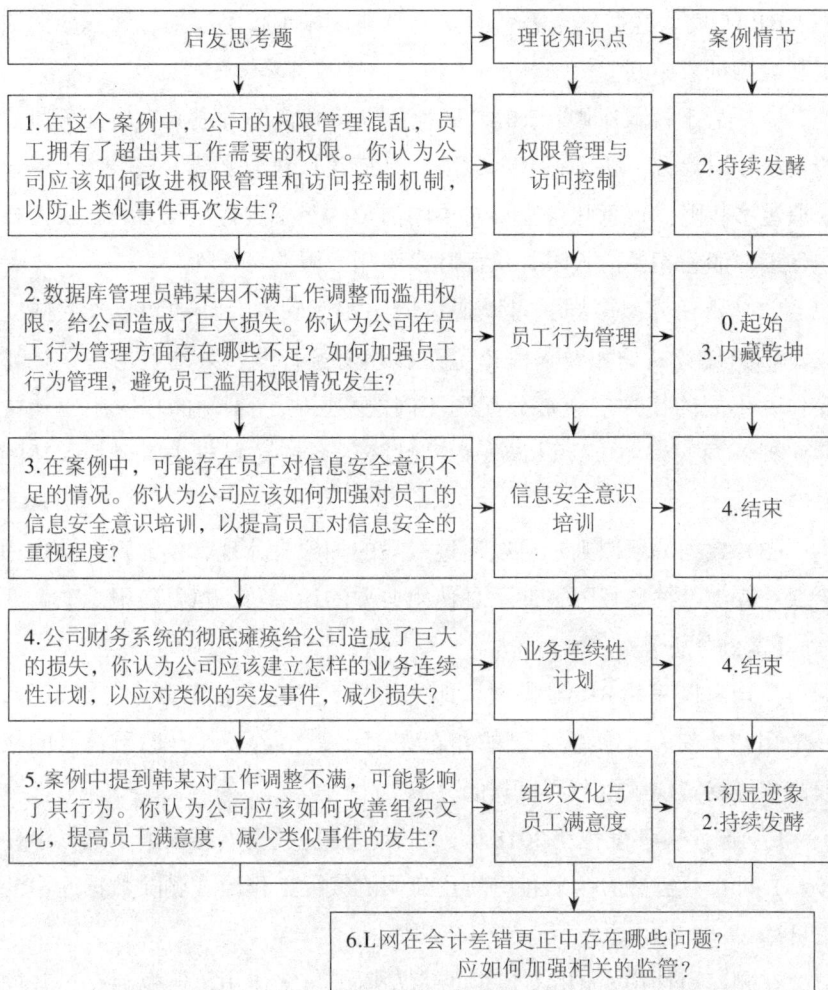

启发思考题	理论知识点	案例情节
1.在这个案例中，公司的权限管理混乱，员工拥有了超出其工作需要的权限。你认为公司应该如何改进权限管理和访问控制机制，以防止类似事件再次发生？	权限管理与访问控制	2.持续发酵
2.数据库管理员韩某因不满工作调整而滥用权限，给公司造成了巨大损失。你认为公司在员工行为管理方面存在哪些不足？如何加强员工行为管理，避免员工滥用权限情况发生？	员工行为管理	0.起始 3.内藏乾坤
3.在案例中，可能存在员工对信息安全意识不足的情况。你认为公司应该如何加强对员工的信息安全意识培训，以提高员工对信息安全的重视程度？	信息安全意识培训	4.结束
4.公司财务系统的彻底瘫痪给公司造成了巨大的损失，你认为公司应该建立怎样的业务连续性计划，以应对类似的突发事件，减少损失？	业务连续性计划	4.结束
5.案例中提到韩某对工作调整不满，可能影响了其行为。你认为公司应该如何改善组织文化，提高员工满意度，减少类似事件的发生？	组织文化与员工满意度	1.初显迹象 2.持续发酵

6.L网在会计差错更正中存在哪些问题？应如何加强相关的监管？

图3-1　案例分析思路图

3.2.3　理论依据及分析

1）在这个案例中，L网的财务系统权限管理混乱，员工拥有了超出其工作需要的权限。你认为公司应该如何改进权限管理和访问控制机制，以防止类似事件再次发生？

【理论依据】

本案例基于RBAC模型，分析L网防止再次出现财务系统权限管理混乱的方法。

RBAC模型遵循三个著名的安全原则：最小权限原则、责任分离原则和数据抽象原则。

（1）最小权限原则：RBAC模型可以将角色配置成其完成任务所需的最小权限集合。员工在获取权限时，应该只获取必要的权限，不应该获取过多权限。这意味着需要对不同岗位的员工进行权限分类，仅授权与其工作职责相关的权限，从而减少滥用权限的可能性。

（2）责任分离原则：可以通过调用相互独立互斥的角色来共同完成敏感的任务，例如要求一个记账员和财务管理员共同参与统一过账操作，不同的用户应该被分配到不同的权限组，不同的权限组应该被分配到不同的资源上，以最大程度地降低系统受到非法入侵和破坏的风险。

（3）数据抽象原则：可以通过权限的抽象来体现，例如财务操作用借款、存款等抽象权限，而不是使用典型的读、写、执行权限。

【案例分析】

公司可以采用RBAC模型，即把用户、角色、权限分成三个部分，一个用户会有一个属于自己的角色，而每个角色又都有属于自己的权限，这样就实现了角色和权限的分离。

L网删库事件发生在2018年，引起了广泛关注。据报道，这一事件涉及L网的一名员工韩某利用其在公司的权限，修改或删除数据库中的信息。

在删库事件中，RBAC模型可能发挥了一定作用，但也存在一些问题。首先，RBAC模型的设计应当考虑到对员工的权限分配是否严格，是否存在足够的审计机制以监控员工的操作行为。如果RBAC模型设计不当，或者审计机制不完善，员工可能会滥用其权限进行不当操作，从而导致类似事件的发生。

另外，RBAC模型虽然可以通过对角色的授权管理来管理用户的权限，但在实际应用中，如果对角色的权限划分不够细致或者不够灵活，也可能导致权限过大或者不当的问题。特别是对于拥有高权限角色的员工，如果其权限没有得到有效的限制和监控，可能会增加滥用权限的风险。

因此，要防止类似事件的再次发生，除了完善RBAC模型之外，还需要加强对员工权限的管理和监控，建立健全的审计机制，及时发现和阻止员工滥用权限的行为。

2）L网数据库管理员韩某因不满工作调整而滥用权限，给公司造成了巨大损失。你认为公司在员工行为管理方面存在哪些不足？如何加强员工行为管理，避免员工滥用权限情况发生？

【理论依据】

本案例基于员工行为管理，分析L网在员工行为管理方面存在的不足。

（1）科学管理理论。该理论由泰勒提出，强调通过科学的方法提高工作效率，包括开发科学的工作方法、挑选和培训员工、与员工合作确保工作按科学原则完成，以及在管理者与员工之间平等分配工作和职责。

（2）阿德勒个性理论。该理论认为需要根据不同员工的个性特征采取不同的激励手段和管理方法，发挥员工的个性潜能。

（3）期望理论。该理论是由维克托·弗鲁姆提出的，他认为某一活动对于调动某一人的积极性，激发出人的内部潜力的激励的强度，取决于达成目标后对于满足个人的需要的价值的大小——效价，与他根据以往的经验进行判断能导致该结果的概率——期望值。这三个因素是员工激励的核心，对理解员工行为和管理至关重要。因此，可以建立有效的沟通和反馈机制，建立开放、透明的沟通机制，及时了解员工的不满情绪，并采取有效措施解决问题，防止不满情绪转化为滥用权限的行为。

（4）公平理论。要在薪酬、工作时间、评价等方面实行公平管理，满足员工的公平需求，稳定员工情绪，提高工作态度。

【案例分析】

L网在员工行为管理方面存在以下不足：

（1）缺乏细致的人员管理和监督机制：L网可能未能有效地监督员工的行为，包括对权限使用的监控和审查。缺乏定期的审计和监控可能会导致员工滥用权限而不被发现。

（2）不完善的内部控制和审批流程：L网的内部控制和审批流程可能存在漏洞，使得员工能够滥用权限而不受到足够的限制和审查。缺乏严格的审批流程可能会导致权限被滥用。

（3）缺乏有效的沟通和冲突解决机制：L网可能未能及时发现和解决员工的不满情绪，导致员工将不满情绪转化为滥用权限的行为。缺乏有效的沟通和冲突解决机制可能会加剧员工的不满情绪，从而增加滥用权限的风险。

3）L网财务系统的彻底瘫痪给公司带来了巨大的风险管理压力和经济损失，你认为公司应该建立怎样的业务连续性计划，并运用好BCP理论，以应对类似的突发事件，减少损失？

【理论依据】

本案例基于完善的业务连续性计划（business continuity plan，BCP）理论，分析L网应该建立怎样的业务连续性计划以应对类似的突发事件，减少损失。

BCP理论强调，制定综合的、可操作的应对策略，以确保在突发事件发生时能够有效地应对。BCP理论中的业务恢复计划部分强调备份和恢复重要数据和系统的重要性，以减少业务中断时间和损失。

【案例分析】

风险评估与业务影响分析：首先，L网需要进行全面的风险评估，确定可能对业务造成影响的各种风险，包括技术故障、自然灾害、人为破坏等。其次，进行业务影响分析，评估这些风险发生时可能对业务的影响程度。再次，L网需制定应对策略，根据风险评估和业务影响分析的结果，制定应对不同风险的具体策略和措施，包括防范措施、应急响应计划、业务恢复计划等。同时L网还应该加强实行业务恢复与备份计划，包括备份数据和系统、建立备用设施、培训员工等，以确保业务能够在短时间内恢复正常运作。需要定期评估和更新业务连续性计划，以确保其与业务发展和外部环境变化保持一致，并且不断改进以提高其有效性。最后，通过建立一个全面的业务连续性计划，L网可以更好地应对各种突发事件，减少损失，并确保业务的持续性和稳定性。

4）案例中提到韩某对工作调整不满，可能影响了其行为。你认为公司应该如何运用期望和社会认同等理论改善组织文化，提高员工满意度，减少类似事件的发生？

【理论依据】

本案例基于互动性沟通理论、期望理论、公平理论、社会认同理论、变革型领导理论，分析L网如何运用期望和社会认同等理论改善组织文化，提高员工满意度。

（1）互动性沟通理论，有效的双向沟通可以提高员工满意度和组织绩效，减少冲突和误解。

（2）期望理论，员工的工作满意度受到个人目标和期望的影响，提供发展机会可以提高员工对工作的满意度。

（3）公平理论，员工对待工作的态度和行为受到其对待工作的公平感知的影响，建立公平的激励机制可以提高员工的工作满意度。

（4）社会认同理论，人们在社会群体中寻求认同和归属感，良好的工作氛围可以增强员工的工作满意度和忠诚度。

（5）变革型领导理论，变革型领导能够激发员工的潜能和积极性，提高他们的工作满意度和绩效。

【案例分析】

L网应建立开放透明的沟通渠道，让员工能够表达他们的不满和问题，同时及时回应员工的关切和建议。L网可以通过培训、晋升机会和项目参与等方式，为员工提供发展和成长的机会，增强他们的工作满意度和归属感，同时建立公平公正的激励机制，让员工感到他们的工作得到了公正的认可和回报，并营造一个良好的、积极的、支持的和协作的工作氛围，让L网的员工感受到工作的乐趣和归属感。还要强调的是，要注重培养和提升领导层的领导力和管理质量，建立良好的领导风格和管理文化。通过这些方法，L网可以改善组织文化，提高员工工作满意度，减少类似事件发生的可能性，并建立一个更加健康、积极的工作环境。

3.2.4 背景信息

1) L网（北京）科技有限公司所处行业地位

L网创立于2001年11月12日，已在北京、大连、天津、南京开设直营分支机构逾700家，旗下经纪人数万名，与数十家金融机构建立了长期友好的合作关系。L网是以地产中介业务为核心的全国化发展的房地产综合服务体，体系内囊括地产、金融和商业三个部分。业务范围涉及房屋全程代理、房屋租赁、房屋买卖、豪宅租售、"央产房"上市交易、权证办理、按揭贷款、房地产投资咨询、商铺租售、写字楼租售及商品房、空置房、企业债权房销售代理等。公司立志成为国内在住宅地产经纪、金融按揭服务和商业地产服务方面的领跑者。

2) L网的薪酬理念及现状

L网的薪酬体系比较简单，只有单纯的工资制度，没有绩效工资等说法和类别。对于工资的管理和理念主要基于节省成本的原则。L网销售人员的薪酬体系更是简单，只有单一的底薪和一定的佣金。对于销售人员的薪酬理念是重激励、轻保险，员工大多存在后顾之忧，对企业的认可度低、归属感差。

L网销售人员薪酬体系没有制度化的薪酬通道。薪酬相对固定、调整余地有限，员工职业生涯不明确、岗位设置有局限性。由于L网销售人员的薪酬管理水平处在初级阶段，没有调薪标准，因此调薪机制更是无从建立，还处在孕育和摸索之中。

L网销售人员的高流动性、高不稳定性等特性决定了其薪酬理念为重激励、轻保险的基本思想。企业领袖享受竞争的文化理念对公司薪酬体系影响很大，他们认为一切社会福利和高底薪都是产生懒惰思想和影响员工积极进取的温床。

由以上分析可知L网的人力资源体系存在很多问题，需要加以调整和优化。

3.2.5　关键要点

1）关键点：会计信息系统的定义和作用；L网进行公司管理的情形；L网在团队建设中存在的问题；L网后续如何强化内部安全措施；公司加强相关监管的方法。

2）关键能力点：信息梳理与分析能力、整理运用材料的综合能力、批判性思维能力、前瞻性思考能力。

3.2.6　建议课堂计划

1）时间计划

本案例可以作为专门的案例讨论课，安排在"财务报表分析""财务会计理论与实务""会计学""会计信息系统"等课程中进行，整个案例课的课堂时间控制在90~100分钟，具体安排如下：

课前计划：授课教师提前介绍案例涉及的相关理论知识，发放教学案例，请学生在课前完成阅读和初步思考，根据启发思考题理清案例线索；提前分好小组（4~6人为一组），要求各小组制作PPT。

课中计划：向学生阐明本次案例课的主题，以及本次课的教学目的、要求、安排等（10分钟）。

按照案例使用说明中"分析思路"部分提出的引导问题，让学生自行讨论并告知讨论要求（10分钟）。

各小组以PPT的形式进行展示，老师通过互动的方式将相关知识点适时穿插在讨论中（60分钟）。

引导全班进一步讨论，并由教师进行归纳总结，提炼和强调相关知识点（20分钟）。

课后计划：请学生采用报告形式给出更加具体的解决方案，包括具体的职责分工，为后续章节内容做好铺垫。

2）课堂提问逻辑

结合案例启发思考题、案例发展情节以及课堂教学内容，归纳梳理理论依据与案例情节之间的逻辑关系与要点内容，从而激发学生参与的积极性，促使学生发散思维以及培养学生问题分析的能力。案例的课堂提问逻辑及参考问题，如图3-2所示。

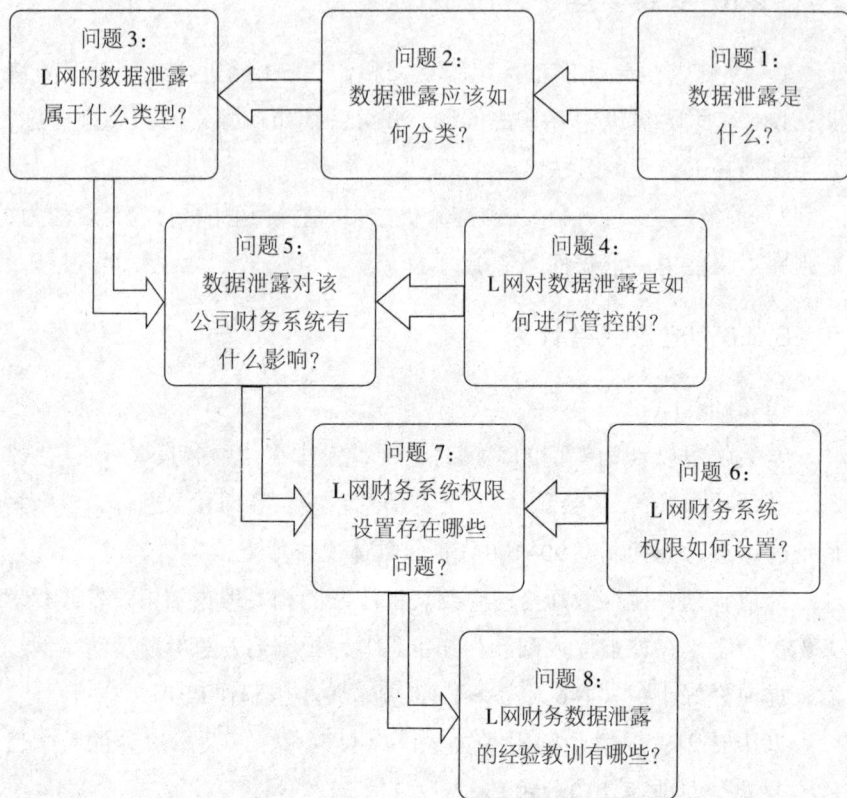

| 问题3：L网的数据泄露属于什么类型？ | ← | 问题2：数据泄露应该如何分类？ | ← | 问题1：数据泄露是什么？ |

| 问题5：数据泄露对该公司财务系统有什么影响？ | ← | 问题4：L网对数据泄露是如何进行管控的？ |

| 问题7：L网财务系统权限设置存在哪些问题？ | ← | 问题6：L网财务系统权限如何设置？ |

| 问题8：L网财务数据泄露的经验教训有哪些？ |

图3-2　课堂提问逻辑图

4 M集团财务共享服务中心的建设

建设财务共享服务中心是完成财务职能转型的必经之路。基于公司战略规划、策略执行和结果落地,管理层对财务职能的转变提出了更高的要求。M集团是国内乳制品行业中最早进行财务共享服务中心建设的企业。首先,本案例介绍了公司发展及现状和行业背景,阐述了建设财务共享服务中心的必要性和重要性。其次,介绍了M集团财务共享服务中心的建设过程以及遇到的问题。最后,总结了财务共享服务中心的建立为M集团带来的效益。M集团的案例可以为国内其他企业建设财务共享服务中心提供理论支持,也带来了新的参考和选择机会。

4.1 案例正文

随着信息技术的爆炸式发展,我们的经济社会环境已经从最初的1.0电算化时代,到互联网环境下的2.0 ERP时代,再到近年盛行的3.0业财融合时代。财务共享服务中心是3.0业财融合时代的产物,大大提升了财务数据的准确性与及时性。随着企业业务规模的扩大、范围的扩张，大型企业集团往往会面临因管理层级繁多导致的"官僚主义"问题。传统财务管理模式逐渐暴露出组织结构繁冗、业务与财务相脱离、数据滞后、管理效率低下等弊端。

如何解决优化组织结构及流程，寻找企业迅速响应机制与完善流程之间的平衡点，保证企业会计信息质量及数据传递的及时性，提高财务管理效率就成了企业财务管理亟待解决的问题。作为国内前瞻性企业的 M 集团，为什么要建设财务共享服务中心，怎样建设财务共享服务中心就是我们研究的内容。

4.1.1　企业现状及行业背景

1）集团财务共享服务中心基本情况

内蒙古 M 乳业（集团）股份有限公司（以下简称 M 集团）在 1999 年成立，总部位于内蒙古自治区，是全球八强乳制品企业、国家农业产业化重点企业、乳制品行业的龙头企业。2004 年在港交所挂牌上市。到目前为止，M 集团有国内生产基地 41 座，在新西兰、澳大利亚等地设立了海外生产基地，在全球范围内工厂达 68 座，生产线包括五大系列产品共计 400 多个品项，连续 12 年跻身"全球乳业 20 强"榜单。2021 年，M 集团营业收入达 881.41 亿元，净利润 50.26 亿元。

2009 年，由于外部市场的竞争愈演愈烈，且企业自身规模在不断扩大，因此传统的各地分散记账报送的财务管理模式渐渐不能满足集团发展需要。财务基层工作量加大总会出现手工账错误、财务信息无法及时传递等情况，造成了整体工作效率偏低、集团总部管理层不能及时掌握分子公司的基层信息等后果，这样的财务管理模式已不适用于当时规模很大的 M 集团。再这样下去，M 集团可能在激烈的市场环境中没有立足之地。所以为解决当时存在的问题，M 集团首次萌生了建设财务共享服务中心的想法；并于 2012 年最后确定战略部署和实施计划，对企业财务团队、信息系统、业务流程和组织结构进行了全面和系统的改革，为建立财务共享服务中心奠定了充分的基础。

到 2015 年，M 集团经过与国内率先开展财务共享服务中心建设工作的组织单位沟通交流、集团内部立项审批、组织公开透明的商务洽谈等一系列工作，最终将项目落地和共享试点服务的任务交给了IBM公司。M集团财务部门联合IBM公司开发了应用平台"CE+Opentext+SSF"（M集团财务共享服务中心综合报账系统平台功能为SAP系列功能，CE系统核心功能是设计标准单据、配置审批流程，Opentext系统核心功能是票据扫描和电子归档，SSF系统核心功能是共享中心的绩效平台）。至此，M集团成为国内乳制品行业中首家创立财务共享服务中心的企业，集团财务团队在职能的重新划分、构建信息系统、设计业务流程和重组团队等方面，做了大量标准化且规范化的工作。

2）M集团财务共享服务中心的建设历程

（1）筹备阶段

2015年，是M集团财务共享服务中心建设的筹备期。在这一期间M集团就开始将核心业务模块向共享服务中心试点迁移；与此同时，为了迁移工作的顺利开展，财务共享服务中心的建设团队开始对应付款项、费用报销、应收款项、资产核算、总账报表等财务模块进行建设，而且报账平台成功上线，实现了资金的集中收付。

（2）发展阶段

2016年，M集团财务管理模式基本完成转型升级，结合事务部试点的经验，迅速全面达成财务共享模式的推广与迁移。与此同时，财务共享服务中心继续扩大业务范围，将财务报表的编制和部分标准化的管理报表业务纳入进来。

（3）开拓阶段

2017年至2018年，在前期业务稳步发展的基础上，财务共享服务中心将国内处于生产一线的工厂基地纳入业务范围，同时职能进一步扩大，开始拓展到人力资源、客户维护等板块。

3）财务共享服务中心运营情况分析

（1）财务共享服务中心运营模式

M集团财务共享服务中心定位为成本中心，运营模式由基本模式转变为市场模式，在降低企业管理成本、提高效率的基础上为集团内部分支机构提供试点收费制服务，所以应注重控制运营成本并对利润进行计算。在收入一定时，最大程度降低成本才能得到更多利润。

M集团财务共享服务中心的运营模式涵盖了战略财务、业务财务和共享财务，具体职能如图4-1所示。

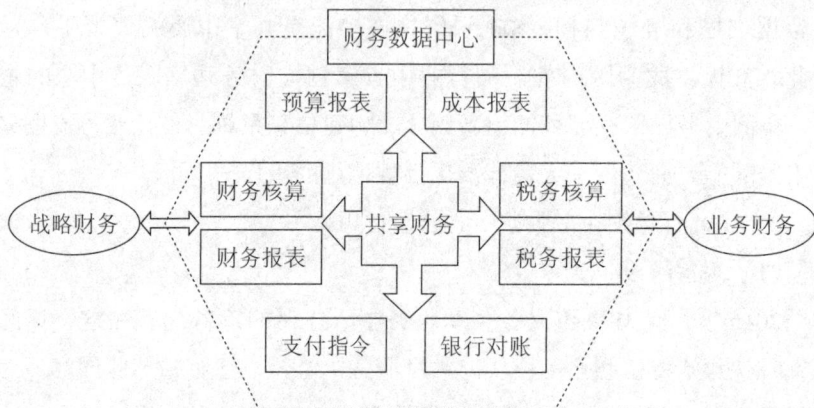

图4-1 M集团财务共享服务中心运营模式

战略财务是财务管理的领导层，其充分参与企业的远景规划和重大战略决策，将业务财务与共享财务提供的数据转换为有助于企业作出经营决策的有关信息，从而支持企业经营决策的执行，同时发挥支持经济决策、规划经济前景、评价经济运行的作用。战略财务的职能包括六方面：对于预算管理，设计标准预算管理的流程，细化各项目预算；对于成本管理，建立科学化成本管理体系，落实成本战略，形成集团的成本优势；对于经营管理，严格把关产品质量，降低财务风险并推动整体绩效提升；对于税务管理，统筹规划总体税务工作，在筹资、投资等经营活动中合理避税；对于资金管理，根据历史数据分析企业未来何时会用到多少资金，按最低限额留存经营可能需要的资金，降低资金闲置可能；对于政策合规性，在知悉当前会计政策的前提下，确保会计报表符合规定。

业务财务是财务管理的控制层，其遍布价值链的每个环节，实时传递企业的财务信息。为了满足经营管理者随时掌握企业经营状况的需要，业务财务处于各分支机构不断发生业务之处，提供的财务数据是与预算、绩效考核评估、经营决策等相关的。具体职能如下：第一，牢牢把握财务管理的核心思想，确保财务管理的理念能够传递到集团各业务单元；第二，在各业务单元中保证企业财务制度的落地实施；第三，及时收集并传递决策有用的相关数据；第四，主动承担财务风险管控责任，在合法合规的前提下进行经营活动，并监督给决策者提供的财务数据的真实性。

共享财务是财务管理的执行层，根据既定的流程标准，利用标准化处理平台将财务的基础工作统一处理，以实现效率优化、组织结构优化并加强内控，甚至创收。其包含的职能如下：资金结付、业务核算、费用报销、往来对账、出具报表等基础财务工作的核算查验。

（2）财务共享服务中心的组织架构

M集团财务共享服务中心根据业务内容，按照流程进行专业化职能分工，对财务共享服务中心成员单位的业务内容进行分组和分类，形成了财务共享服务中心的内部组织框架和关键岗位，设立了五个业务循环部门（总账报表部、费用报销部、采购应付部、销售应收部、原奶资产部），其核心业务就是根据企业的不同情况接收和处理不同的业务。M集团财务共享服务中心还有两个后台职能支持部门（服务支持部、综合支持部），其核心业务是绩效培训、档案管理、流程优化等。

总账报表部，主要负责总账的核算，日常费用的计提、暂估以及费用的分摊，并对检验合格的发票做相应的账务处理；落实日常往来的对账、月度结账以及成本核算等工作，并及时编制单位财务报表。

费用报销部，主要负责费用的管控，具体职能涵盖了基本的费用报销、员工个人的借款审核、备用金的核算、对费用进行预算监控、对成本费用开支进行管控，并及时记账和编制报表。

采购应付部，主要负责对预付账款和应付账款进行管控，并对除原奶以外的其他物资的内部调拨进行采购核算、采购发票的检验，及时对账以及按时对应付账款进行账龄分析，并及时记账和编制报表。

销售应收部，主要负责记录销售业务，进行核算以及相应款项的结算，具体业务包括帮助和林格尔基地开具发票、及时核算销售收入和应收货款并计算各项税额，及时编制财务报表等。

原奶资产部，主要负责核算固定资产、无形资产等资产类科目，并进行原始单据审核、审批；对原奶采购方面业务进行账务处理，包括购奶款的结算以及往来核算等。

服务支持部，主要负责各类档案管理、工作人员培训、客服答疑和本部门绩效考核工作。其主要职责是培养专业的客服人员在业务主体需要操作方面的帮助时，及时提供咨询服务和有效的解决方案。

综合支持部，主要负责服务质量的把握、信息系统的运维、主数据资产的维护、不断优化业务流程等工作。其主要职责是保障系统每日正常运行，进行综合的绩效分析，不断改进业务流程中的非增值节点。

4.1.2　面临的问题

M集团财务共享服务中心运营过程中，在信息共享、业务流程、财务人员管理及绩效评价等方面出现了问题。其中，信息共享包括财务税务信息共享和奶源资产信息共享，业务流程包括采购到付款流程和费用报销流程。

1）信息共享方面

（1）异地财务信息共享不及时

财务共享会计核算的集中、统一，造成了整个集团层面的财务繁杂和冗余，虽然简化了集团的财务核算，却没有有效提升分支机构人员的工作积极性。M集团财务共享服务中心的建立使得财务管理体制的重心由属地化转向中心化，导致原有的税务管理体系与目前的异地财务管理体系相矛盾。税务政策信息常常不能及时共享，加大了企业税务违规风险。

对于这个问题，M集团利用区块链技术推进了信息对称。区块链技术是按照时间顺序将数据区块相连组合成的链式数据结构。特点是去中心化和数据难以篡改，可以在地理位置分散的情况下执行数据存储共享等任务，实现信息的对称、保证传输的安全，解决信息碎片化、不对称的问题，在降低安全风险方面有较大的应用空间。

（2）奶源资产信息共享不足

财务共享服务中心在建立过程中，出现了牧场的奶源资产信息共享程度不足、奶源资产管理和当前实施的财务共享没有完全结合等问题。奶源信息即奶牛的动态情况，具体包括进食情况和产奶量等。了解奶源信息有助于牧场管理人员适时调整饲养模式。

M 集团牧场的奶牛均已佩戴 REID 耳标，耳标能实时记录每头奶牛的有关生物信息。而且 M 集团已利用大数据技术建立了牧场服务管理系统并通过牧场管理服务系统，精确化、系统化地管理奶源资产，保证原材料的质量。M 集团将配备 REID 耳标的牧场服务管理系统作为奶源资产信息共享建设的基础，在实际操作中将奶源资产信息与财务共享服务相结合，对耳标采集到的前端信息分类整理并加工分析，发掘影响奶源资产的关键因素，更有针对性地提高奶源资产质量。

2）业务流程方面

（1）采购到付款流程不合理

M 集团财务共享服务中心采购到付款流程主要以 CE 挂账付款、非 CE 挂账付款、物料类挂账付款、预付账款付款、同法人不同利润中心付款为主要付款方式。付款单据的填制是采购到付款流程的第一步，务必保证其准确性、规范性。但在实际工作中却常常出现付款单据漏填、错填等问题，而且在填制提交的过程中并没有规范提单要求和错误信息提示，都需要进入单据审核环节，经由审核会计的人工审核发现错误后才退回修改，极大地浪费了填单和审核人员的时间，造成了付款单据审核通过率低、采购到付款流程效率低等问题。而且，付款申请提交后无法实时跟进申请情况，所以员工的申请被退单时也无法得知是流程的哪一步出现了问题，不知其所以然，也无法找到问题所在并加以改正。

为了规范采购到付款流程，M 集团应在财务共享服务中心内部单独设立一个监督检查部门，配备专业的财务人员，定期对凭证、报表等进行稽核，并对相关人员进行监督管理，发现问题及时纠偏，避免错误的累积。

（2）费用报销流程不完善

费用报销的流程不完善，不但影响报销业务进展，而且由于员工个人会经常参与费用报销，还会影响其工作积极性。例如，员工差旅费的报销，M集团制定了费用报销的部门预算，且在系统中也进行了相应的设置，默认报销金额要低于设置的部门预算金额，否则将会被退回。但在实际工作中，差旅费金额受诸多因素影响有可能会超过部门预算金额。在这种情形下，员工提交的报销申请便会被系统退回，不能得到批准。目前，这种问题的解决措施主要依靠线下找相关人员说明情况并重新申请。报销单的一次次退回使工作人员做了很多无效的工作，耽误了正常运转流程，也降低了员工对系统的信赖程度。而且报销单需要填写的项目很多，表单设置较为烦琐，导致处理效率低。

对于M集团费用报销流程存在的差旅费报销申请退回率高、报销审批处理效率低等问题，要设置特殊的处理方式。另外，目前费用报销流程需要提高自动化程度来减少人为的干扰，提高费用报销的业务处理效率。

3）财务人员绩效考核指标缺少财务维度

与传统的财务部门的工作相比，财务共享模式下财务人员的工作枯燥单一，系统的流水线作业使得财务人员仅能接触到小部分处理工作，不能完全了解整个工作流程，对职业前景规划缺乏认知，容易在重复的工作中丧失奋斗目标，造成M集团人力资源的流失。

M集团财务共享服务中心可以利用平衡记分卡（财务维度、客户维度、内部运营维度和学习成长维度四个维度）来衡量员工的KPI指标，并在这四个维度的基础上细化各评价指标，并删除了一些定义宽泛的指标，优化了M集团财务共享服务中心的绩效考核评价体系。在此基础上提出相应的对策建议：在原考核体系中添加财务维度；通过细化的考核指标强化客户黏性，提高客户满意度；完善内部控制制度，降低经营风险；重视员工培训和职业生涯规划；建立激励机制。

4.1.3 尾声

在这十多年的时间里，M集团通过实施SAP的ERP、CRM，实现了产供销一体化、财务业务一体化以及产品质量信息化；建设财务共享服务中心，实现了数据的互联互通，打破了产业链上的信息孤岛状态。M集团的数字化转型是探索新旧动能转换的一个典范。在数字化的创新下，M集团实现了质量管控、制造优化、品质提升等方面的飞跃式发展。M集团运用自身平台撬动社会资源，创造价值，树立世界品牌。

4.1.4　启发思考题

1）简述M集团财务共享服务中心建设的主要原因。

2）分析说明M集团财务共享服务中心实施后在提高业务处理效率方面的效果。

3）简述M集团财务共享服务中心自身具有哪些值得其他企业参考和借鉴的优势。

4.2　案例使用说明

4.2.1　教学目的与用途

1）本案例适用于"财务管理""管理信息系统""管理学"等课程关于财务职能转变的内容教学。

2）本案例的适用对象是经济类、管理类专业的本科生。

3）本案例的教学目标：通过对M集团财务共享服务中心建设过程进行回顾，引导学生进一步了解财务共享服务中心的建设目的，以及存在的问题如何解决，挖掘其建立财务共享服务中心的动因及后果，财务共享服务中心值得其他企业参考和借鉴的优势。

4.2.2　启发思考题分析思路

课堂引导学生进行分析的思路：课堂中可以按照图4-2所示思路引导学生展开讨论。

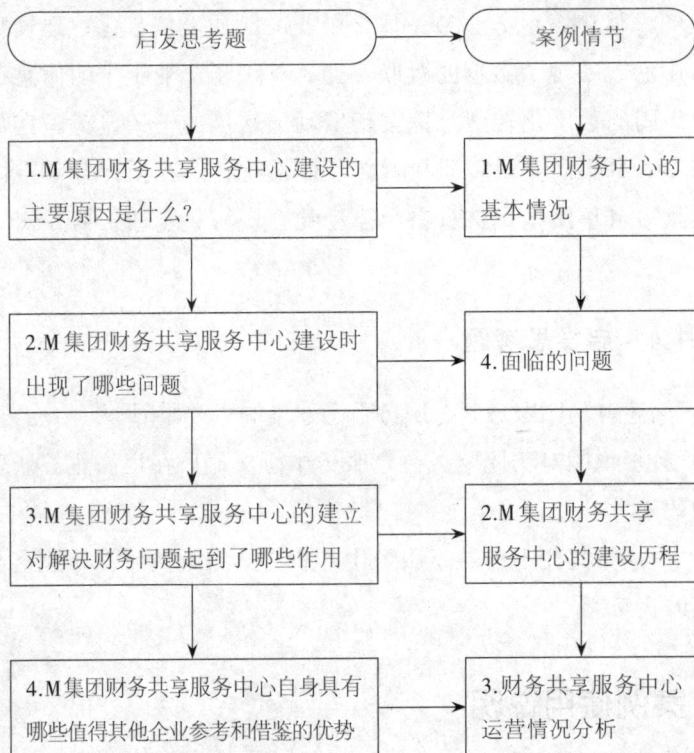

图4-2 案例分析基本思路示意图

4.2.3 理论依据与分析

1）简述M集团财务共享服务中心建设的主要原因。

【理论依据】

本问题基于财政部《企业会计信息化工作规范》和《财政部关于全面推进管理会计体系建设的指导意见》来回答。

财政部《企业会计信息化工作规范》第三十四条规定：分公司、子公司数量多、分布广的大型企业、企业集团应当探索利用信息技术促进会计工作的集中，逐步建立财务共享服务中心。

《财政部关于全面推进管理会计体系建设的指导意见》要求企业全面推进面向管理会计体系建设，提出"鼓励大型企业和企业集团充分利用专业化分工和信息技术优势，建立财务共享服务中心，加快会计职能从重核算到重管理决策的拓展，促进管理会计工作的有效开展"。

【案例分析】

M集团作为乳制品行业第一个建立财务共享服务中心的企业，在建设之前对于市场环境、政策要求以及自身能力和需求都有了明确的判断和分析。M集团财务共享服务中心建设的主要原因是满足国际视角，也是作为国企充分响应国家政策在企业信息化方面的号召，最主要的是M集团在传统的财务管理模式下暴露出财务管理方面的问题，不利于企业进一步发展。

（1）国际视角下新商业格局下的管理需求。1981年福特公司建立世界上第一个财务共享服务中心，随后财务共享模式在全球的各行各业得到应用和实践。在经济全球化背景下，许多知名企业在全国甚至全球拥有多家子公司，新的市场环境和技术环境对财务管理制度提出了变革要求，从而解决企业扩张业务规模、提升效率需求、优化资源配置时遇到的问题等。

自2009年中粮集团入股开始，M集团加快推进了开拓国际市场、扩张市场规模的进程。而传统财务管理模式带来的效率低、成本高、信息传递不及时等问题日益凸显。显然，如果M集团不优化财务管理模式，在市场竞争日益激烈、信息化水平不断提高的背景下，是无法继续发展生存的。

（2）国家政策对企业信息化构建要求。财政部于2014年发布了《企业会计信息化工作规范》，引导大型企业利用信息技术促进会计工作集中，M集团紧紧追随国家的政策步伐，对财务管理模式进行调整，以谋求企业集团更好的发展前景。

2012年以前，M集团一直沿用传统的财务管理模式，也就是"总公司-子公司-财务部门"的三级财务管理架构。子公司的日常财会核算由其自身财务部门负担，定期逐级向总公司上报相关财务报表等。总部的财务部门对子公司的财务部门本质上只有间接管理权，实质上的任免权、决策制定权都掌握在子公司的手中。在这种模式的运作下，基础的财务记载、审核等工作都由基层财务人员负责。

M集团在传统财务管理模式下，有以下财务管理方面的问题：第一，业财分离导致财务人员缺乏对业务的了解，总是从财务角度思考问题，不能真实反映业务方面的问题。第二，财务运行效率较低，各下属子公司设置独立的财务部门，难以保障会计核算的一致性和信息的真实性，而且自动化程度较低。第三，集团总部对子公司监管乏力，多数属于事后财务管控，缺乏事前和事中监督。

2）分析说明M集团财务共享服务中心实施后在提高业务处理效率方面的效果。

【理论依据】

本问题基于人员规模效率理论和M集团官网2015—2017年业务处理的相关资料来分析回答。

以1年为单位，人员规模效率=当年特定规模下总体的营业额÷当年人员总数。人员规模效率越高，表示人员业务处理效率越高。M集团财务共享服务中心实施后业务处理效率变化情况见表4-1。

表4-1　　M集团财务共享服务中心实施后业务处理效率变化率

事项		效率变化		
		2015 年	2016 年	2017 年
人员规模效率			提升 25%	提升 35.8%
单据审核时效		26 小时	18 小时	11.8 小时
客户满意度		44.1%	74.4%	86.1%
付款审核时效				提升 70%
管理报告完成时间	合并报表	10 日		7 日
	管理报告	16 日		12 日
公司财务职能时间占比	决策支持时间	20%		49%
	交易处理时间	41%		15%

【案例分析】

财务转型前，M集团财务人员分布在各个地区的子公司内，信息集成化低且工作效率也低，由于对财务数据的信息输入占据了财务人员的大部分时间，使其很难对数据进行深入的分析与总结。财务转型后，从分散的财务管理模式转变为集中管控，从单据审核到报表完成都有了明显的效率提升。

从表 4-1 中可以看出，在人员规模效率方面，由于财务共享消除了财务工作的重复性，提高了工作处理的集中度，2016 年人员规模效率提升了 25%，2017 年人员规模效率累计提升 35.8%。单据审核时效大大提升，由建立初期的 26 小时缩减到 2017 年的 11.8 小时，付款审核时效也提升了 70%。

业务处理的高效使客户满意度由 2015 年的 44.1% 提升至 2017 年 86.1%，累计提升 42 个百分点。财务共享服务中心数据的高效处理也让管理报告的完成时间有所减少，合并报表完成时间由 10 日缩短至 7 日，管理报告完成时间由 16 日缩短至 12 日。此外，财务人员用于交易处理的时间大大缩短，用于决策支持的时间占比由 20% 提升至 49%，有效地发挥了财务决策支持作用。

3）简述 M 集团财务共享服务中心自身具有哪些值得其他企业参考和借鉴的优势。

【理论依据】

本问题基于营运资金和存货周转的理论知识来回答。

从财务的角度来看，营运资金就是流动资产和流动负债的差额。企业的流动资产越高，则企业的现金流量越大，企业的债务偿还能力就越强。

存货周转天数是指企业从取得存货开始，至消耗、销售为止所经历的天数，通过企业一定时期（通常为 1 年）内销售成本与平均存货之间的比例关系计算得到。存货周转天数越少，说明存货变现的速度越快，存货占用资金的时间越短，存货管理工作的效率越高。

公司的存货周转期 = 存货平均余额 ÷（营业收入 ÷360），由此可得，一家公司的存货周转期和它所占的资金是成比例的。存货周转期是评价公司库存管理有效性的重要指标。

【案例分析】

财务共享服务中心通过提高存货管理水平进而提高营运资金管理水平。乳制品公司以生产乳制品为主，而乳制品由于自身的保质期较短，所以在获得各个方面的信息时有比较高的时效性要求。这种高标准的需求，在一定程度上促进了财务共享在乳制品公司中的应用。

在库存管理模型中，财务共享可以使库存在各个生产基地都得到合理的配置，从而减少库存的客观性损失。

一家公司的存货周转效率高，意味着它有很好的存货管理，对库存的订货成本、采购成本、存储成本和短缺成本进行了严格的控制，并且利用最合理的成本，使存货管理的收益最大化。

（1）存货周转期纵向对比分析

M集团2014年至2015年期间，存货周转天数由24.885天上升至31.875天，随后在2016年至2018年期间，存货周转期逐年下降，2019年小幅上升至21.345天。M集团2019年的存货周转天数低于2014年，显示出其在六年中对存货周转天数的改善效果。M集团以信息系统的自动化资料处理能力为基础，运用数据模型对存货成本进行分析，强化存货规划与控制，缩短存货周转期，使得这些影响从2016年开始逐步体现。2019年度，尽管与前一年度相比，存货周转率有所提高，且变动不大，但仍需高度关注，避免出现积压现象。总体来说，建立财务共享服务系统后，M集团的存货周转期下降，提高了存货周转效率。

（2）存货周转期横向对比分析

横向对比可以看出，2014—2021年M集团存货周转天数明显低于行业均值，说明M集团的存货周转天数在行业中居于前列，这也从侧面体现出M集团库存管理的核心竞争力。与伊利公司比较，M集团的存货周转天数较高，且从2015年开始趋于平稳，其库存水平也比伊利公司高，一定程度上说明了M集团财务共享服务方式对其库存周转率具有正向作用。

总结而言，M集团的财务共享服务中心通过提高存货管理水平，从而提升了营运资金的管理水平，给其他乳制品公司在营运资金管理上带来一定的启示。

4.2.4 背景信息

1）财务共享服务中心发展现状

财务共享服务中心作为一种新型的财务管理模式，近年来在国内得到了广泛的关注和应用。它通过集中处理不同地域、不同业务部门的财务信息，实现了财务流程的标准化、自动化和智能化，提高了企业的财务管理效率和成本控制能力。

目前，国内许多大型企业都已经建立了财务共享服务中心，其中包括华为、阿里巴巴、腾讯等知名企业。这些企业的财务共享服务中心不仅涵盖了日常的会计核算、报表编制等基础工作，还涉及预算管理、资金管理、成本核算等多个方面。

然而，财务共享服务中心的发展也面临着一些挑战。首先，随着企业规模的扩大和业务范围的拓展，财务共享服务中心的运营和管理难度也不断增加，需要不断优化和完善管理模式。其次，随着信息化技术的不断更新换代，财务共享服务中心需要不断升级和更新技术手段，以适应不断变化的市场环境和企业需求。

此外，财务共享服务中心的发展还需要关注人员素质的提升。由于财务共享服务中心涉及大量的数据处理和分析工作，需要高素质的人员来进行管理和操作。因此，企业需要加强对财务共享服务中心从业人员的培训和管理，提高他们的专业素质和工作能力。总的来说，财务共享服务中心作为一种新型的财务管理模式，具有广阔的应用前景和发展空间。但是，企业需要不断优化和完善管理模式、提高人员素质，以应对市场变化和竞争压力。

2）M集团在行业中的地位

M集团作为乳制品行业的龙头企业，有着极长的产业链，生产加工等各环节流程复杂，所需分析的数据众多，数字化转型成为必然。

在M集团数字化转型进程中，作为集团管理的生命线，财务管理的创新转型是集团数字化转型制胜的关键。M集团为实现高目标业务，率先建立了财务共享服务中心，这与其财务组织的形成及战略紧密相关。李秀丽表示，M集团对于财务组织的整体定位是三位一体的支柱化结构，即专业支柱——战略财务、支持支柱——运营财务、高效支柱——共享财务。由共享中心开道，把大量重复的财务工作集中起来规模化、高效化运作。

核算财务的权责分离，真正让财务走近业务，为业务发展及战略制定提供支持。M集团的数字化转型是探索新旧动能转换的一个典范。M集团运用自身平台撬动社会资源，创造价值，树立世界品牌。显而易见，在价值分层上，M集团属于价值放大者。

3）M集团费用报销和采购付款的具体流程

M集团财务共享服务中心的费用报销流程如图4-3所示。在子公司设置票据箱，将财务工作延伸到业务端，给业务人员提供了极大的便利。先进的影像系统将子公司的票据进行扫描和上传，既能提高报销流程的效率，也能保障会计信息的质量。此外，M集团差旅费报销可采用移动审批，大大提升了报销的效率和便利性。

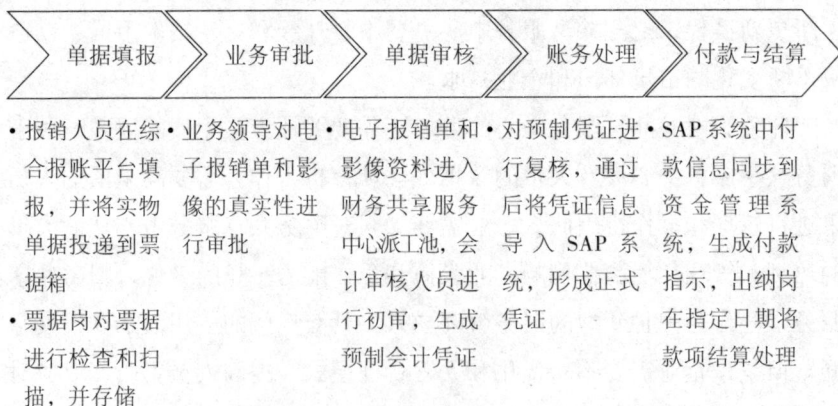

单据填报	业务审批	单据审核	账务处理	付款与结算
• 报销人员在综合报账平台填报，并将实物单据投递到票据箱 • 票据岗对票据进行检查和扫描，并存储	• 业务领导对电子报销单和影像的真实性进行审批	• 电子报销单和影像资料进入财务共享服务中心派工池，会计审核人员进行初审，生成预制会计凭证	• 对预制凭证进行复核，通过后将凭证信息导入SAP系统，形成正式凭证	• SAP系统中付款信息同步到资金管理系统，生成付款指示，出纳岗在指定日期将款项结算处理

图4-3　M集团财务共享服务中心费用报销流程图

采购付款流程是M集团财务共享服务中心所有流程中效率提升最明显的流程，平均每单业务处理时效提升了70%，具体流程设计如图4-4所示。采购付款流程重新梳理后得到以下几方面的优化：第一，通过系统间数据的直接抽取代替原本重复的手工录入、提交、审核，在提升效率的同时提高了数据的准确性。第二，线上数据流转代替原本线下数据传递，提高了数据的安全性。第三，系统间的互通互联打破了信息孤岛。

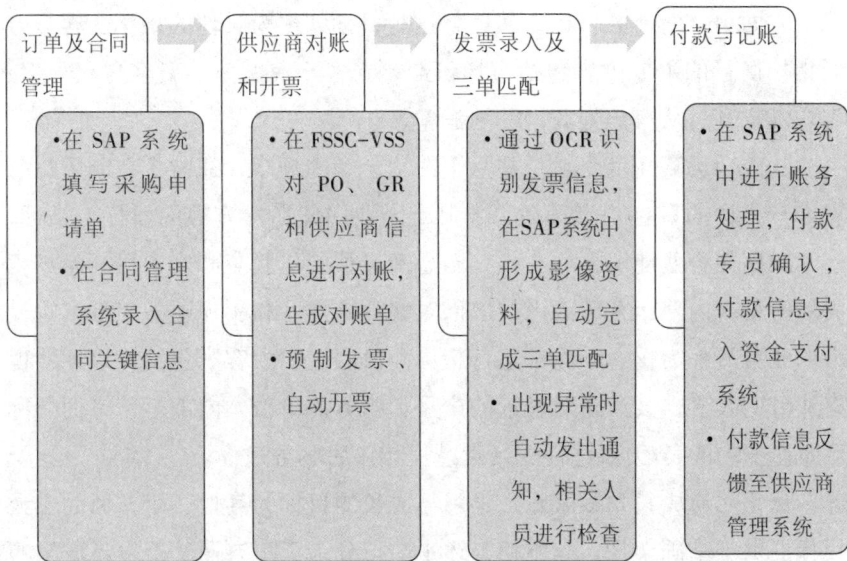

订单及合同管理	供应商对账和开票	发票录入及三单匹配	付款与记账
• 在 SAP 系统填写采购申请单 • 在合同管理系统录入合同关键信息	• 在 FSSC-VSS 对 PO、GR 和供应商信息进行对账，生成对账单 • 预制发票、自动开票	• 通过 OCR 识别发票信息，在SAP系统中形成影像资料，自动完成三单匹配 • 出现异常时自动发出通知，相关人员进行检查	• 在 SAP 系统中进行账务处理，付款专员确认，付款信息导入资金支付系统 • 付款信息反馈至供应商管理系统

图4-4　M集团财务中心采购付款流程图

4）平衡记分卡

平衡记分卡（balanced score card，BSC），是常见的绩效考核方式之一。平衡记分卡是从财务、客户、内部运营、学习与成长四个角度，将组织的战略落实为可操作的衡量指标和目标值的一种新型绩效管理体系。根据解释，平衡记分卡主要是通过图、卡、表来实现战略的规划。

从财务角度来看，财务性指标是一般企业常用于绩效评估的传统指标。财务性绩效指标可显示出企业的战略及其实施和执行是否正在为最终经营结果（如利润）的改善作出贡献。但是，不是所有的长期策略都能很快产生短期的财务盈利。非财务性绩效指标（如质量、生产时间、生产率和新产品等）的改善和提高是实现目的的手段，而不是目的本身。财务方面指标衡量的主要内容包括收入的增长、收入的结构、降低的成本、提高的生产率、资产的利用和投资战略等。

从客户角度来看，平衡记分卡要求企业将使命和策略诠释为具体的与客户相关的目标和要点。企业应以目标顾客和目标市场为导向，专注于是否满足核心客户需求，而不是企图满足所有客户的偏好。客户最关心的不外乎五个方面：时间、质量、性能、服务和成本。企业必须为这五个方面树立清晰的目标，然后将这些目标细化为具体的指标。客户方面指标衡量的主要内容包括市场份额、老客户挽留率、新客户获得率、客户满意度、从客户处获得的利润率。

从内部运营角度来看，建立平衡记分卡的顺序，通常是在制定财务和客户方面的目标与指标后，才制定企业内部运营方面的目标与指标，这个顺序使企业能够抓住重点，专心衡量那些与股东和客户目标息息相关的流程。内部运营绩效考核应以对客户满意度和实现财务目标影响最大的业务流程为核心。内部运营指标衡量的主要内容既包括对短期的现有业务的改善，又涉及对长远的产品和服务的革新。内部运营方面指标涉及企业的改良/创新过程、经营过程和售后服务过程。

从学习与成长角度来看，学习与成长的目标为其他三个方面的宏大目标提供了基础架构，是驱使上述平衡记分卡三个方面获得卓越成果的动力。面对激烈的全球竞争，企业今天的技术和能力已无法确保其实现未来的业务目标。削减对企业学习和成长能力的投资虽然能在短期内增加财务收入，但由此造成的不利影响将在未来给企业带来沉重打击。学习与成长方面指标涉及员工的能力、信息系统的能力与激励、授权与相互配合。

4.2.5 关键要点

1）关键点：M集团财务共享服务中心建设的主要原因，M集团财务共享服务中心建设的过程，M集团财务共享服务中心建设时出现的问题，财务共享服务中心的建立对解决财务问题的作用。

2）关键能力点：查阅论文信息能力、信息梳理与分析能力、整理运用材料的综合能力、批判性思维能力、前瞻性思考能力、问题分析能力。

4.2.6 建议课堂计划

1）时间计划

本案例可以作为专门的案例讨论课，安排在"财务管理""管理信息系统""管理学"等课程中进行，整个案例课的课堂时间控制在90分钟内，具体安排如下：

课前计划：授课教师提前介绍案例涉及的相关理论知识，发放教学案例，请学生在课前完成阅读和初步思考，根据案例启发思考题理清案例线索；提前分好小组（6人为一组），要求各小组制作PPT。

课中计划：向学生阐明本次案例课的主题，以及本次课的教学目的、要求、安排等（5分钟）。

按照案例使用说明中"分析思路"部分提出的引导问题，让学生自行讨论（20分钟）。

各小组以PPT的形式进行展示，老师通过互动的方式将相关知识点适时穿插在讨论中（60分钟）。

引导全班进一步讨论，并由教师进行归纳总结，提炼和强调相关知识点（10分钟）。

课后计划：请学生采用报告形式给出更加具体的解决方案，包括具体的职责分工，为后续章节内容做好铺垫。

2）课堂提问逻辑

结合案例启发思考题、案例发展情节以及课堂教学内容，归纳梳理理论依据与案例情节之间的逻辑关系与要点内容，从而激发学生参与的积极性，促使学生发散思维以及培养学生问题分析的能力。案例的课堂提问逻辑及参考问题，如图4-5所示。

问题一：M集团为什么要建设财务共享服务中心？ → 问题二：建设财务共享服务中心有哪几个阶段，我们分别做了什么？ → 问题三：M集团财务共享服务中心的运营模式和组织结构分别是怎样的？

问题六：M集团财务共享服务中心自身具有哪些值得其他企业参考和借鉴的地方？ ← 问题五：M集团财务共享服务中心的建设对解决财务问题起到了什么样的作用？ ← 问题四：M集团财务共享服务中心建设出现了哪些问题？

图4-5 提问逻辑示例图

4.3　主要参考文献

［1］杨欣. 企业财务共享中心构建分析——以M集团为例［J］. 全国流通经济，2020（28）：36-38.

［2］刘红玲. 浅谈M集团财务共享服务中心建设与运营［J］. 内蒙古煤炭经济，2018（3）：71-73.

［3］黄盼慧，吴留全. 数字化转型背景下财务共享的绩效评价体系建设——以M集团为例［J］. 商场现代化，2024（4）：144-146.

［4］余秀珍. 大数据时代企业财务管理面临的机遇和挑战研究［J］. 现代商业，2023（18）：157-160.

［5］梁宇欣. M集团财务共享中心的应用研究［D］. 大连：东北财经大学，2020.

［6］程璐. 大数据背景下企业财务共享中心建设存在的问题及改进路径［J］. 财会学习，2024（13）：49-51.

［7］徐莹君. 基于财务共享模式的全面预算管理优化研究［D］. 武汉：武汉纺织大学，2023.

［8］暴丹. 财务共享中心的建立与运营对企业财务管理的影响研究［J］. 老字号品牌营销，2024（8）：175-177.

［9］王玥. M乳业集团财务共享服务中心优化研究［D］. 长春：吉林财经大学，2023.

［10］莫冰. 企业建立财务共享中心的必要性与实施效果［J］. 商业2.0，2023（28）：78-80.

［11］吴梦萍. M乳业财务共享对营运资金管理影响研究［D］. 南昌：江西师范大学，2024.

［12］贠庆峰. 全业务循环财务共享服务中心建设研究［D］. 兰州：兰州财经大学，2019.

5　成立空壳公司"黑"进税务系统 "虚开发票"疯狂敛财

　　长沙 W 商贸有限公司于 2019 年 6 月成立，是一家大型企业。当月，雨花区税务局通过大数据比对发现涉及多个团伙虚开增值税专用发票的线索，W 商贸是重点被调查对象，其短期获取大量发票后开出金额比较大且货物名称不符的发票。以路某丰为首的团伙 2019 年 2 月起指使他人在多地注册空壳公司，暴力虚开 683 张发票累计 6.44 亿元，致 4653.71 万元税款损失，技术高手张某受百万元报酬诱惑参与破解软件。雨花区检察院公诉涉案 8 人，法院判 8 人有罪，5 人上诉后二审维持原判。此事凸显大数据作用及法律零容忍，表明虚开发票难逃法网，提醒人们遵守发票管理规范。

5.1　案例正文

　　在数字化与信息化高速发展的时代，税收秩序的稳定对于国家和社会的重要性不言而喻。然而，总有一些不法分子妄图通过不正当手段谋取私利，严重破坏经济秩序。长沙 W 商贸有限公司看似是一家普通的企业，背地里却隐藏着巨大的阴谋。他们利用先进技术，通过注册空壳公司、篡改数据等手段，疯狂虚开增值税专用发票，涉案金额之巨令人咋舌。这个犯罪团伙是如何精心策划这起惊天骗局的？他们是怎样突破重重关卡，在税收征管系统中肆意妄为的？他们的行为究竟对社会造成了怎样的危害？让我们一起深入本章案例，揭开这起虚开发票案件背后的层层迷雾，探寻真相，同时也警示我们要时刻坚守法律底线，共同维护社会的公平与正义。

5.1.1 企业现状及背景

长沙 W 商贸有限公司是一家成立于 2019 年 6 月 20 日的企业，位于湖南省长沙市。该公司的经营范围包括通用机械设备、机械配件、矿产品、塑料制品、燃料油、化肥、日用百货、五金机电产品、建材销售等，同时还涉及化工产品加工（不含危险及监控化学品）（限分支机构）和化工原料销售。

公司曾对外投资。初期凭借多样化产品销售和适当的市场策略取得一定地位，但后来陷入严重违法犯罪活动，如虚开增值税专用发票，扰乱行业秩序和税收征管，造成极大负面影响，损害国家利益，破坏公平竞争环境，导致社会信任受损，也为其他企业敲响警钟。

5.1.2 事件介绍

1）东窗事发：大数据分析发现犯罪线索

2019 年 6 月，长沙市雨花区税务局运用先进的大数据分析工具，深入税收征管系统内部，成功揭露了一宗涉及多个团伙的严重犯罪案件。这些团伙被发现有大量注册的虚假公司，涉嫌通过虚开增值税专用发票来进行非法活动。其中，长沙 W 商贸有限公司成为了调查的重点对象。调查结果显示，这家公司在短时间内获得了巨额的增值税专用发票，并在随后以更高的价格开具了多张增值税发票，然而这些发票的货物名称与实际申报的货物并不相符。

长沙 W 商贸有限公司在 2019 年 6 月获得了高达 168 498 281.35 元的

增值税专用发票，但仅仅两个月后，它就开出了总额达到 188 042 755.27 元的增值税发票。令人疑惑的是，这些发票的货物名称主要是有机化学原料和石油混合二甲苯，但公司却声称这些发票代表的是燃料油的销售，而燃料油是需要缴纳消费税的。这种明显的不匹配让税务机关怀疑该公司存在严重的犯罪行为。

经过深入调查，税务机关认为长沙 W 商贸有限公司涉嫌暴力虚开增值税发票，并将这一线索移交给公安机关进行立案侦查。至此，一个以路某丰（在逃）为首的犯罪团伙浮出水面。

2）瞒天过海：注册公司不经营却开出天价发票

这个犯罪团伙从 2019 年 2 月开始到 2020 年初，一直活跃在湖南长沙、河北赵县、四川宜宾三地。他们指使同案犯张某夫等人，成立了四家所谓的"公司"。但这些公司实际上并没有进行任何实质性的业务活动，完全是空壳公司。这些公司的注册过程都是委托他人办理的，法定代表人多是一些社会闲散人员。这些公司的账户错综复杂，遍布国内多个省市。

从 2019 年 6 月到 2020 年 6 月案发，这四家公司共虚开了 683 张增值税专用发票，累计金额巨大。这个犯罪团伙的行为严重破坏了税收征管秩序，给国家造成了巨大的经济损失。

这起案件的核心在于犯罪团伙通过篡改公司税控盘的库存量数据，以非法手段暴力虚开增值税专用发票。据统计，他们共虚开了高达 6.44 亿元的增值税专用发票，给国家造成了巨额的税款损失，金额高达 4 653.71 万元。

2020 年 7 月，雨花区检察院果断行动，对涉案的 8 名犯罪嫌疑人实施了逮捕。经过深入的调查和证据收集，检察机关于 2021 年 2 月 23 日正式提起公诉。随后，人民法院在 2021 年 9 月 14 日对此案作出一审判决，对 8 名被告人分别判处了三年两个月至十一年不等的有期徒刑，并处以共计 104 万元的罚金。同时，法院还决定继续追缴这伙人违法所得的 965 万元，并将其上缴国库。

一个专门利用空壳公司并非法侵入税务系统以虚开发票为手段疯狂敛财的犯罪团伙终被绳之以法。2021 年 12 月 31 日，湖南省长沙市雨花区人民检察院成功推动了对"金某等虚开增值税专用发票罪"一案的二审判决，长沙市中级人民法院最终裁定维持原判，驳回了犯罪团伙的上诉。

3）大数据揭秘：虚开发票团伙浮出水面

2019年6月，长沙市雨花区税务局通过先进的大数据技术，深入分析了税收征管系统的数据，意外发现多个团伙异常频繁地注册空壳公司，且这些公司疑似涉及虚开增值税专用发票犯罪。其中，长沙W商贸有限公司的异常行为尤为突出，该公司短时间内获得了大量增值税专用发票，并在短时间内开出更高额度的发票，而发票上的货物名称与实际业务存在明显不符，这立即引起了税务机关的警觉。

4）揭秘空壳公司：税务系统黑洞，虚开发票疯狂敛财真相大曝光

进一步调查发现，自2019年2月至2020年初，路某丰（在逃）作为幕后主使，指使张某夫等人在湖南长沙、河北赵县、四川宜宾三地注册了四家公司，这些公司表面上拥有完整的市场监管、税务手续，但实际上并未从事任何实际业务，完全是"空壳公司"。这些公司的法定代表人多为社会闲散人员，而账户操作则错综复杂，涉及国内多个省市。在短短一年内，这些公司共虚开了683张增值税专用发票，累计金额高达6.44亿元，非法获利达917万元。

5）技术高手操纵空壳公司，黑入系统疯狂虚开发票牟取暴利

看似轻松挣大钱了，实际上是铤而走险，给国家财政收入造成巨大损失，等待他们的将是失去自由的铁窗生涯。

被告人金某与宋某某是一对情侣，这对外表斯文、花钱大方的情侣，分工明确。宋某某的主要工作是向空壳公司寄送税控盘，计算开具发票金额以及核对数据，她还负责通知联络工作，当她接到上线发的"业务"指令，就向同伙转发通知，男友金某是落实上线指令的具体操作人。

此外，宋某某跟随男友金某去往全国各地，到当地"公司"开展业务，常与"委托人"（需要开票的公司）视频聊"开票业务"。此外，宋某某还帮金某管钱，上线一般将钱转到宋某某的账户，钱的用途宋某某就听金某的安排。比如，某一笔上线打来的100万元，金某就"豪气"

地安排宋某某用掉了。金某不仅带着女友走上犯罪之路，他的多名亲友也被牵涉进来。

同案人张某本是一名信息技术人员，2019 年 3 月，金某请他"帮忙"破解税控软件，4 月他从河南飞到深圳"帮忙"。此时，法律意识淡薄的张某并未意识到这是犯罪，而是欣然接受这一"挑战"，带着金某给的一台电脑和一个白色税控硬盘回了河南，并且还找来同是技术人员的朋友吴某某，共同研究破解难题。

张某和吴某某利用税控软件的安全防护漏洞篡改了税控程序。他们首先对税控软件的验证机制进行深入分析，了解其工作原理和流程，找到了破解点，发现了其软件的安全漏洞或设计缺陷，这些漏洞或缺陷可以被用来绕过软件的验证机制。然后，他们编写了一个破解程序，这个程序能够模拟或伪造正常的验证过程，从而欺骗软件，使其认为发票是真实有效的，进而篡改了税控程序，实现了虚开增值税专用发票的目的。

两人将更改好的开票软件文件、使用说明及软件安装文件等打包交给了金某，并与税控软件升级同步，让违法虚开发票的四家公司"想开多少就开多少"，直到案发之时开具了 6.44 亿元之巨。

6）智能化犯罪难逃法网

雨花区检察院经过审查，认为金某等人在没有真实业务发生的情况下，协助他人虚开增值税专用发票，数额巨大，已触犯刑法。在起诉阶段，检察官提出了精准的量刑建议。最终，审判机关对 8 名被告作出有罪判决，其中 5 人上诉后，二审法院维持了原判。这起案件再次证明了大数据技术在打击犯罪中的重要作用，也彰显了法律对犯罪行为的零容忍态度。

近年来，虚开违法活动愈发狡猾，借助专业化、智能化、信息网络化的手段，企图在税收征管系统中蒙混过关。然而，正如"纸包不住火"，无论手法如何隐蔽、业务如何伪装，货物流、资金流和票据流中的漏洞终究无法完全被掩盖。本案的成功侦破，不仅是对虚开发票违法分子的有力打击，更是对涉税犯罪高发态势的坚决遏制，有力保障了税收秩序和市场经济的正常运行。

7）启用税务备案电子化系统：优化营商环境，助推开放崛起

为深入贯彻党中央、国务院关于推进"放管服"改革系列部署，更好地服务湖南"创新引领开放崛起"战略，国家税务总局湖南省税务局、国家外汇管理局湖南省分局通力合作，组织开发了湖南省服务贸易等项目对外支付税务备案电子化系统。12月24日，系统上线运行启动仪式在国家外汇管理局湖南省分局举行，省内数家重点企业、10家银行代表受邀参加，并见证了此次启动仪式。

据了解，在传统备案方式下，企业办理一笔服务贸易对外支付需多次往返税务部门和银行之间，耗时费力。税务备案电子化系统启用后，湖南省对外支付税务备案可实现网上办理，备案人只需登录国家税务总局湖南省电子税务局，选择"服务贸易等项目对外支付税务备案"模块，填写备案信息，上传交易凭证，足不出户即可完成服务贸易等对外支付税务备案，极大地节省了"脚底成本"，推进了付汇便利化，一年可为2 000多家的企业简化工作流程和节约办事成本。同时，税务备案电子化系统也为银行办理支付核验以及外汇局开展业务核查提供了一站式服务，企业填报后即时生成税务备案电子化信息，银行可即时上网校验，税务局、外汇局可适时开展线上业务查验和监管，为政府部门改善监管环境、提升监管效率提供了新的支撑。

5.1.3 尾声

发票虽小，却承载着税收监管的重任。增值税发票作为企业交易的重要凭证，其上下游交易环节均受到税务局的严密监控。任何一环出现问题，都将影响到整个抵扣链条。特别是当资金流、货物流、发票流三者之间出现不匹配时，大数据的精准比对将迅速揭露真相。

根据《纳税信用管理办法》的规定，对于虚开增值税发票的行为，无论是构成犯罪还是未构成犯罪，只要涉及偷税（逃避缴纳税款）金额超过10万元且占应纳税总额10%以上，纳税信用等级将直接降至D级。这将导致税务管理措施的进一步收紧。

发票管理规范必须严格执行，切勿抱有侥幸心理。任何违反法律规范的行为，都将受到法律的严惩。轻者将面临行政处罚，重者将被移送

司法机关追究刑事责任，甚至可能面临无期徒刑的严重后果。因此，遵守税法规定，是每个公民和企业的神圣职责。

5.1.4 启发思考题

1）长沙 W 商贸有限公司的行为是否涉及偷税漏税的问题？如何认定其税务违法行为并依法处理？

2）未来税务部门在打击虚开发票犯罪方面会有哪些新的举措或技术手段？如何进一步提高打击效率？

3）长沙 W 商贸有限公司的虚开发票行为，税务机关是如何确定该公司的违法事实的？

4）该公司在虚开发票的过程中，涉及了哪些人员？他们分别扮演了什么角色？是否存在内部勾结或者外部合谋的情况？

5.2 案例使用说明

5.2.1 教学目的与用途

1）本案例适用于"财务管理与审计""财务会计理论与实务""公司法与商法""会计信息系统"等课程关于财务信息系统被操控、税务机关监管机制的内容教学。

2）本案例的适用对象是会计学、审计学、法律以及金融类和计算机专业的本科生。

3）本案例的教学目标：通过对成立空壳公司，"黑"进税务系统，虚开发票敛财案件进行回顾，引导学生从不同角度审视问题，培养他们的多元思维和创新能力。本案例的教学目的有以下三方面：

（1）加强学生的法律意识和伦理道德意识：让学生了解此类行为所违反的法律法规，并深入理解法律的重要性和违反法律的后果。培养学生的道德伦理观念，认识到诚实、正直和遵守规则在职业生涯中的重要性。

（2）加强专业知识与技能培养：对于金融、会计、审计等专业的学生，通过分析案例，加深他们对财务、法律等专业知识的理解，提升他们的实际操作能力。

（3）加强社会责任与公民意识培养：引导学生认识到作为社会公民和专业人士所应承担的社会责任，培养他们的公民意识。鼓励学生积极参与社会公益活动，为社会作出贡献，实现个人价值与社会价值的统一。

5.2.2 启发思考题分析思路

课堂引导学生进行分析的思路：课堂中可以按照图5-1所示思路引导学生展开讨论（该图仅供参考，教师可以根据自己的教学目的进行调整）。

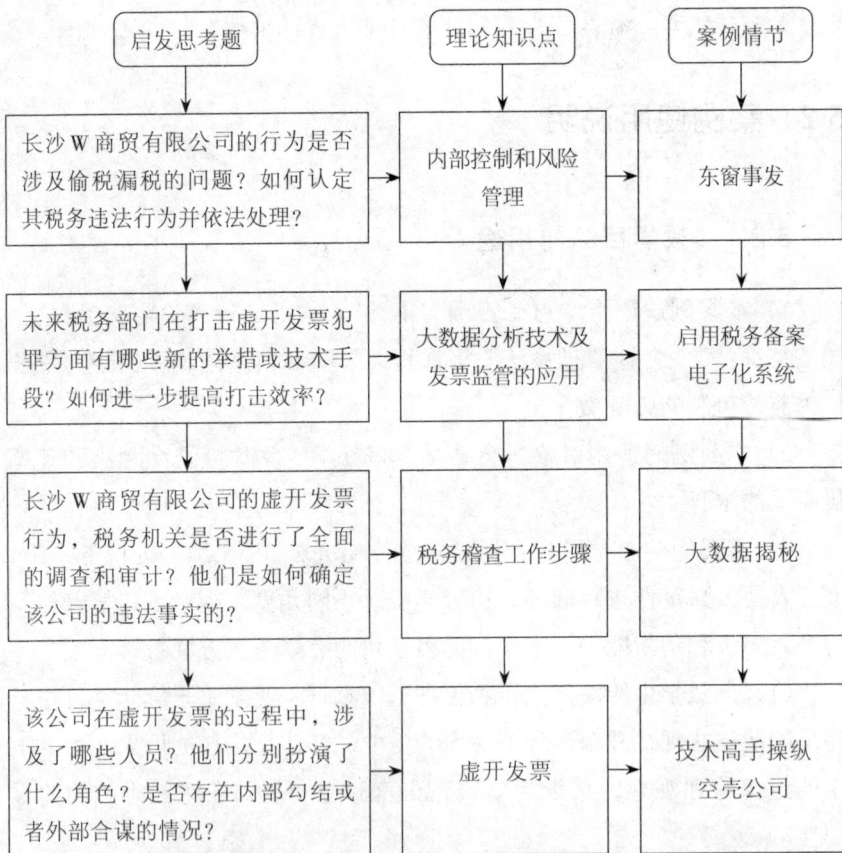

启发思考题	理论知识点	案例情节
长沙W商贸有限公司的行为是否涉及偷税漏税的问题？如何认定其税务违法行为并依法处理？	内部控制和风险管理	东窗事发
未来税务部门在打击虚开发票犯罪方面有哪些新的举措或技术手段？如何进一步提高打击效率？	大数据分析技术及发票监管的应用	启用税务备案电子化系统
长沙W商贸有限公司的虚开发票行为，税务机关是否进行了全面的调查和审计？他们是如何确定该公司的违法事实的？	税务稽查工作步骤	大数据揭秘
该公司在虚开发票的过程中，涉及了哪些人员？他们分别扮演了什么角色？是否存在内部勾结或者外部合谋的情况？	虚开发票	技术高手操纵空壳公司

图 5-1　案例分析基本思路示意图

5.2.3　理论依据及分析

1）长沙 W 商贸有限公司的行为是否涉及偷税漏税的问题？如何认定其税务违法行为并依法处理？

【理论依据】

本案例基于偷税漏税相关法律分析长沙 W 商贸有限公司的税务违法行为。

【案例分析】

自 2019 年 2 月至 2020 年初，路某丰（在逃）作为幕后主使注册了四家公司，这些公司表面上拥有完整的市场监管、税务手续，但实际上并未从事任何实际业务，这些公司的法定代表人多为社会闲散人员，而账户操作则错综复杂，涉及国内多个省市。2019 年 3 月张某和吴某某利用税控软件的安全防护漏洞篡改了税控程序，实现了虚开增值税专用发票的目的，给国家造成了巨额的税款损失，金额高达4 653.71 万元。

从行为性质上看，长沙 W 商贸有限公司涉嫌虚构交易、虚开增值税专用发票等违法行为，具有明显的故意性。这些行为不仅违反了税收征收管理的基本原则，也严重损害了国家税收征管的正常秩序。

从法律后果上看，长沙 W 商贸有限公司经查实存在偷税漏税行为，根据《中华人民共和国税收征收管理法》等相关法律规定，偷税漏税行为将受到法律的严厉制裁。涉案人员将面临税务部门的处罚，包括补缴税款、滞纳金以及罚款等。同时，公司相关责任人员还可能承担刑事责任。

从社会影响上看，长沙 W 商贸有限公司的偷税漏税行为不仅损害了国家的税收利益，也破坏了市场竞争的公平性。这种行为如果得不到有效遏制，将对社会风气和市场秩序产生负面影响。

2）未来税务部门在打击虚开发票犯罪方面有哪些新的举措或技术手段？如何进一步提高打击效率？

【理论依据】

本案例基于虚开发票犯罪方面问题，分析未来税务机关打击违法犯罪的新举措及新技术手段。

具体技术手段有：

（1）大数据分析技术：该技术指的是对规模巨大的数据进行深入分析的一系列技术和方法。这些数据通常具有数据量大、多样性、高速度、多维度、实时性和高复杂度等特点，难以用常规的软件工具或在较短的时间范围内进行捕捉、管理和处理。

（2）税务备案电子化系统：该系统是国家税务总局和国家外汇管理局推进"放管服"改革的重点项目，旨在为企业简化工作流程、节约办事成本，同时提供税务备案和银行核验的一站式服务，实现办理全程无纸化。税务备案电子化系统采取"即时填报、网上查验"的服务模式。备案人只需登录相关税务电子系统，通过特定的功能，如"服务贸易等项目对外支付税务备案"，即可线上完成备案表的申请和资料上传。系统即时生成税务备案电子化信息，企业可持备案表编号直接前往银行付汇。银行查验通过后，系统自动生成加盖税务局电子签章的税务备案表，银行即可直接为企业办理付汇业务。

（3）区块链技术：区块链技术以其去中心化、不可篡改的特性，为发票管理提供了新的解决方案。税务部门可以利用区块链技术建立电子发票平台，确保发票信息的真实性和可信度。通过区块链的分布式账本技术，可以追踪发票的开具、流转和报销全过程，有效遏制虚开发票的行为。

（4）人工智能和机器学习：这些技术可以用于自动化筛选和识别潜在的虚开发票行为。通过训练机器学习模型，税务部门可以构建智能识别系统，对发票数据进行自动分类和标注，快速发现异常发票。同时，人工智能还可以辅助税务人员进行案件分析和预测，提高查处效率。

（5）电子发票监管系统：通过建立电子发票监管系统，税务部门可以实时监控电子发票的开具、使用和报销情况。系统可以对电子发票进行自动验证和比对，发现虚开发票行为后，可以迅速采取措施进行查处。此外，电子发票监管系统还可以与其他税务管理系统进行对接，实现信息共享和协同监管。

这些新举措的实施将有助于税务部门更有效地打击虚开发票等税收违法行为，维护税收秩序和市场公平竞争环境。同时，也提醒广大纳税人要依法纳税、规范使用发票，共同营造良好的税收环境；新的技术手段的运用，也使得税务部门在打击虚开发票犯罪方面能够更加精准、高效地开展工作，提高查处率和降低执法成本。同时，这些技术手段也提升了税务管理的现代化水平，为构建公平、透明、高效的税收环境提供了有力支持。

在打击虚开发票犯罪方面，税务部门采取了以下措施来提高打击效率：

首先，税务部门强化了打防结合、精准分类应对的策略。这包括在税收监管的各个环节实现信息互通、结果共享和风险联防，以提升一体化风险防控能力。对于主观恶意骗取留抵退税的行为，税务部门会进行严厉打击，而对于因计算错误等造成的违规过错行为，则进行辅导纠正。这种分类应对的方法使得打击行动更加精准有效。

其次，税务部门加强了与其他部门的协作，形成打击合力。通过依托税务、公安、检察、海关、人民银行、外汇管理等六部门联合打击虚开骗税工作机制，税务部门能够在数据共享、分析研判、联合打击和工作督导等方面实现深度合作。这种跨部门合作的方式大大提高了打击虚开发票犯罪的效率和力度。此外，税务部门还积极运用新的技术手段来提高打击效率。例如，利用大数据分析和人工智能技术对海量涉税数据进行深度挖掘和分析，以发现虚开发票等违法行为的线索。这些技术手段能够快速锁定涉嫌虚开发票的企业或个人，并为后续的调查和查处提供有力支持。

再次，完善相关法律制度也是提高打击效率的重要一环。通过改进和完善增值税法律法规和有关税制，清理和规范增值税优惠政策，税务部门能够构建一个更加公平、透明的税收环境，从制度上减少虚开发票等违法行为的发生。

最后，税务部门还通过曝光典型案例来强化警示震慑效果。通过公开曝光一批涉嫌骗取或违规取得留抵退税的企业，税务部门能够向社会传递出严厉打击虚开发票犯罪的决心和力度，同时也能够对其他潜在违法者形成有效的震慑作用。

税务部门通过强化打防结合、加强部门协作、运用新技术手段、完善法律制度以及曝光典型案例等多种方式，有效地提高了打击虚开发票犯罪的效率。

这些措施不仅有助于维护税收秩序和市场公平竞争环境，也为经济社会的健康发展提供了有力保障。

【案例分析】

案例中，他们运用先进的大数据分析技术，对涉税数据进行深度挖掘和分析。通过比对发票开具情况、资金流向、企业经营数据等信息，发现了异常模式和虚开发票的线索。

首先，建立大数据分析平台。税务部门可以搭建专门的大数据分析平台，对发票数据进行集中存储、处理和分析。这个平台可以实现对发票数据的实时监控和预警，及时发现虚开发票等违法行为。

其次，进行数据挖掘和模型构建。利用数据挖掘技术，税务部门可以从海量发票数据中提取出有价值的信息和规律。同时，通过构建预测模型，可以预测未来的发票开具趋势和潜在风险点，为决策提供科学依据。

最后，风险识别和预警。通过大数据分析，税务部门可以识别出虚开发票等违法行为的特征和模式，建立风险预警机制。一旦发现异常数据或风险信号，可以立即启动预警程序，通知相关部门进行核查和处理。

综上所述，大数据技术在应对虚开发票等事件时具有显著优点，并可以通过建立大数据分析平台、数据挖掘和模型构建进行风险识别和预警等。

另外，本案例还启用税务备案电子化系统，通过实时监控、信息整合、强化审核以及证据固定等方式，提高了税务部门的工作效率和查处能力，为维护税收秩序和打击违法行为提供了有力保障。

税务备案电子化系统为提升监管效率提供了新的支撑。这不仅简化了企业的工作流程，降低了办事成本，而且为企业税务备案、银行核验提供了一站式服务，实现了全程无纸化办理。从信息整合与共享方面看，税务备案电子化系统能够整合各部门的信息资源，实现信息共享。这有助于税务部门全面了解企业的经营状况和交易情况，提高对虚开发票等行为的查处效率。从强化审核与监管方面看，系统通过网上核验电子税务备案表，加强了真实性审核，避免了税务备案表的重复使用，切实防范了业务风险。税务备案电子化系统还纳入容错机制，解决因标准不一或填写错误导致的重复修改问题，提高了审核的准确性和效率。

3）对于长沙 W 商贸有限公司的虚开发票行为，税务机关是如何确定该公司的违法事实的？

【理论依据】

税务机关利用大数据分析等技术手段和方法调查确定长沙 W 商贸有限公司虚开增值税发票的违法行为。

税务机关在调查和审计涉嫌虚开发票的企业时，法律依据是《中华人民共和国税收征收管理法》《中华人民共和国发票管理办法》等，以确保稽查活动的合法性和规范性。

税务机关调查和审计虚开发票行为的方法：

（1）数据分析与筛选：利用税收征管系统和其他相关数据库，对纳税人的开票数据、申报数据等进行收集和分析。通过大数据分析技术，对纳税人的交易数据进行深度挖掘，寻找异常或可疑的交易行为。这些异常可能包括：短期内开具大量发票、发票上的货物名称与实际交易不符、发票开具方与实际交易方不一致等。

（2）比对和核查：对于筛选出的异常或可疑交易，税务机关会进一步比对和核查。这可能包括：比对纳税人的成本和费用，检查企业利润是否异常。比对每一笔费用、商品和匹配税票，判断是否异常。比对供应链上、中、下游企业的数据信息，检查库存量是否异常。比对应收账款的金额，判断银行账户是否异常。

（3）实地核查：对于初步判断为异常或可疑的交易，税务机关会进行实地核查。这包括查看企业的账簿、凭证、合同等原始资料，了解交易的真实性和合规性。

（4）询问和调查：税务机关会向企业相关人员询问，了解相关交易的具体情况。同时，税务机关也会调查与交易相关的第三方，如供应商、客户等，以获取更多证据。

（5）技术鉴定：如果发现涉及技术问题的证据（如电子发票真伪、软件破解等），税务机关可以委托专业机构进行技术鉴定。

【案例分析】

在税务机关的严格监管下，任何企业的违法行为都无法逃脱法律的制裁。长沙 W 商贸有限公司的虚开发票行为，就是一起典型的案例。针对这一事件，税务机关进行了全面而细致的调查和审计，确保了违法事实的准确无误。

首先，税务机关利用税收征管系统中的大数据分析技术，对全市范围内的企业进行了广泛的筛查。在这个过程中，他们发现长沙 W 商贸有限公司存在异常现象。该公司大量注册空壳公司，频繁进行发票开具和接收，且发票金额巨大，远超其正常经营规模。这一异常现象引起了税务机关的高度关注，成为他们进一步调查的切入点。

在初步判断该公司可能存在虚开发票行为后，税务机关立即启动了全面的调查和审计程序。他们首先调取了该公司的税务申报记录、发票开具记录、银行账户流水等相关数据，进行了详细的比对和分析。通过比对分析，税务机关发现该公司的实际经营业务与发票开具情况存在严重不符。该公司获得的增值税专用进项发票的货物名称多数为有机化学原料和石油混合二甲苯，而所开出的增值税发票多数为燃料油。这种货物名称的不匹配，进一步证明了该公司存在虚开发票的行为。

为了进一步确认违法事实，税务机关还对该公司进行了实地核查。他们派遣了专业的税务稽查人员，对该公司的经营场所、仓库、生产设备等进行了全面的检查。在实地核查中，稽查人员发现该公司的实际经营规模远小于其发票开具规模，且存在大量的虚假账目和虚假合同。这些证据进一步证明了该公司存在虚开发票的违法事实。

在掌握了充分的证据后，税务机关将长沙 W 商贸有限公司的虚开发票行为移送至公安机关立案侦查。公安机关在接到线索后，迅速展开了深入调查。他们调取了该公司的银行账户流水、资金往来记录等相关数据，发现该公司与虚开发票方之间存在大量的资金往来。这些资金往来记录成为了公安机关认定该公司虚开发票行为的关键证据。

在调查和审计过程中，税务机关还充分利用了技术手段来辅助查处虚开增值税专用发票案件。他们运用税收稽查信息系统、发票查验系统等技术手段，对该公司的开票行为进行了实时监控和数据分析。这些技术手段不仅提高了税务机关的办案效率，也为案件的查处提供了有力的技术支持。

综上所述，税务机关对长沙 W 商贸有限公司的虚开发票行为进行了全面而细致的调查和审计。他们通过大数据分析、实地核查、技术手段等多种方式，确保了违法事实的准确无误。这起案例再次证明了税务监管的严格性和有效性，也为广大企业敲响了警钟：只有遵守税法规定、诚信经营才是企业长期发展的根本之道。

4）该公司在虚开发票的过程中，涉及了哪些人员？他们分别扮演了什么角色？是否存在内部勾结或者外部合谋的情况？

【理论依据】

本案例基于虚开发票犯罪方面问题，分析长沙 W 商贸有限公司中违法人员内部勾结以及彼此扮演的角色。

虚开发票的理论依据主要是税收法律和会计法规的相关规定。根据这些规定，企业或个人在进行经济活动时，应当按照真实的交易情况开具发票，以反映真实的经济业务。虚开发票则是指在没有真实交易的情况下，通过伪造、变造等手段开具发票，以达到逃避税收、骗取税收优惠等非法目的。

虚开发票的种类主要包括以下几种：

（1）为他人虚开：指为了让他人逃避税收或骗取税收优惠，而在没有真实交易的情况下，为他人开具发票。

（2）为自己虚开：指企业或个人为了达到某种非法目的，而在没有真实交易的情况下，为自己开具发票。

（3）让他人为自己虚开：指企业或个人通过支付一定的费用，让他人在没有真实交易的情况下，为自己开具发票。

（4）介绍他人虚开：指企业或个人为了让他人逃避税收或骗取税收优惠，而介绍他人在没有真实交易的情况下，为他人开具发票。

其中，此案例中还涉及内部勾结或者外部合谋。内部勾结或者外部合谋涉及的理论主要有企业内部控制和风险管理等。根据这些理论，企业应当建立健全内部控制制度，加强风险管理，防止内部员工或外部合作伙伴与企业之间进行不正当的合作，以达到逃避税收、骗取税收优惠等非法目的。

【案例分析】

在长沙 W 商贸有限公司虚开发票的过程中，涉及了以下人员：

在这个案件中，路某丰（在逃）是幕后主使，张某夫是具体的执行者，金某和宋某某是长沙 W 商贸有限公司的实际控制人和主要参与者，张某和吴某某是信息技术人员，负责破解税控软件。这些人员之间存在着内部勾结的情况，他们相互配合，共同实施了虚开发票的犯罪行为。

案例中提到，金某和宋某某两人分工明确，宋某某负责向空壳公司寄送税控盘，计算开具发票金额以及核对数据，金某则负责落实上线指令，具体操作虚开发票。此外，张某和吴某某是朋友关系，两人共同研究破解税控软件，帮助金某等人虚开发票。这些关系表明，这些人员之间存在内部勾结和外部合谋的情况。

案例中还提到，税务机关调查发现长沙 W 商贸有限公司在短时间内开具大量与经营业务无关的高额增值税专用发票，通过这一线索，公安机关通过立案侦查，最终发现了以路某丰（在逃）为首的犯罪团伙。

这个案例表明，税务机关通过大数据分析等手段，发现了企业的异常行为和涉嫌虚开发票的线索，并将其移交给公安机关进行立案侦查。

同时，也表明了虚开发票的行为是违法犯罪行为，最终会受到法律的制裁。

5.2.4 背景信息

1）中国信息技术发展与税务系统安全挑战

近年来，随着信息技术的快速发展和税务系统的数字化进程加速，一些不法分子开始利用技术手段，成立空壳公司，通过非法侵入税务系统，进行虚开发票等违法行为，以获取非法利益。这种行为不仅破坏了正常的税收征管秩序，也对社会经济发展造成了严重影响。

（1）技术进步

随着计算机技术和网络技术的不断进步，黑客攻击和非法入侵变得更为容易。这为一些不法分子提供了机会，他们利用技术手段，非法侵入税务系统，篡改数据，虚开发票。

（2）税务系统漏洞

尽管税务系统已经进行了多次升级和完善，但仍然存在一些漏洞和安全隐患。这些漏洞为不法分子提供了可乘之机，他们通过利用这些漏洞，非法获取税务信息，进行虚开发票等违法行为。

（3）空壳公司泛滥

为了逃避税收监管和法律责任，一些不法分子大量注册空壳公司。这些公司没有实际经营业务，只是作为他们进行虚开发票等违法行为的工具。空壳公司"黑"进税务系统"虚开发票"的行为，严重破坏了正常的税收征管秩序。这不仅导致国家税收流失，也影响了税收的公平性和公正性。

经济发展受阻：税收是国家财政收入的重要来源，对于经济发展具有重要意义。然而，空壳公司虚开发票等违法行为导致国家税收流失，使得国家在基础设施建设、公共服务等方面的资金减少，从而影响了经济发展。

社会信任度下降：税收是国家管理经济的重要手段之一，也是维护社会公平和公正的重要保障。然而，空壳公司虚开发票等违法行为的存在，使得公众对税收制度的信任度下降，影响了社会的和谐稳定。

为了打击这种违法行为，政府加强税务系统的安全防护，及时修复漏洞和安全隐患；同时，加强对空壳公司的监管和打击力度，对于涉及虚开发票等违法行为的公司和个人，进行依法严惩。此外，还加强公众对税收制度的信任度，提高公众对税收制度的认知和理解能力，共同维护税收制度的公平性和公正性。

近年来，虽然虚假非法活动呈现出专业化、智能化、信息网络化的特点。但是无论虚假发票技术多么隐蔽，业务伪装得多么好，其货物流、资本流和票据流都不可能完美。此次案件的成功侦破严重打击了违法者，遏制了税务犯罪的高频发生率，有效地维护了正常的税收征管秩序和市场经济秩序。开票事小，涉税事大。通过增值税发票，企业的上下游企业交易环节由税务局监控。如果一个环节出错，所有抵扣链都会受到影响。如果资金流、货物流和发票流不一致，分分钟就会被大数据比对出来。纳税人一旦被评为 D 级，税务机关将进一步对其加强管理。

2）长沙 W 商贸有限公司的基本情况

该公司成立于 2019 年 6 月 20 日，目前处于开业状态，注册地址位于长沙市雨花区锦湘国际星城第 7 栋、8 栋 N 单元 22 层 2224 号房。其经营范围包括通用机械设备、机械配件、矿产品、塑料制品、燃料油、化肥、日用百货、五金机电产品、建材销售等。此外，公司还涉及化工产品加工（不含危险及监控化学品）和化工原料销售，但需要注意的是，这些加工活动仅限于其分支机构进行。从公司的业务范围可以看出，长沙 W 商贸有限公司在多个领域都有涉足，包括机械设备、化工产品、日用品等，显示出其多元化的经营策略。这种策略有助于公司拓展市场，提高竞争力。另外，公司注册资本为 4 000 万元人民币，显示出其较大的经营规模和实力。这也为公司未来的发展提供了有力的支持。

案例中涉及的四家注册公司有河北省石家庄旷然石油化工有限公

司、长沙 W 商贸有限公司、湖南弘捷商贸有限公司、四川省宜宾市旺捷华石油化工有限公司，这四家公司均为"空壳"公司，未实际经营燃料油等业务，2019 年 6 月至 2020 年 6 月案发，四家公司共虚开增值税专用发票 683 张、虚开金额 6.44 亿元，直接造成国家税款损失 4 653.71万元。

5.2.5 关键要点

1）关键点：长沙 W 商贸有限公司的行为与偷税漏税的关联及认定处理。未来，税务部门打击虚开发票犯罪的新手段及提高效率的途径。税务机关对该公司虚开发票行为的调查审计及违法事实确定。虚开发票涉及人员、角色及勾结合谋情况。

2）关键能力点：税务法规的精通与运用能力，以准确判断税务违法。对税务犯罪侦查和调查技术的掌握能力。对复杂税务案件进行全面深入分析的能力。分析复杂案件中人员关系和行为逻辑的能力。

5.2.6 建议课堂计划

1）时间计划

本案例可以作为专门的案例讨论课来进行。如下是按照时间进度提供的课堂计划建议，仅供参考。

整个案例课的课堂时间控制在 80~90 分钟。

课前计划：提出启发思考题，请学生在课前完成阅读和初步思考。

课中计划：简要的课堂前言，明确主题 （2~5 分钟）

分组讨论，告知发言要求 （30 分钟）

小组发言，控制在 30 分钟内 （每组 5 分钟）

引导全班进一步讨论，并进行归纳总结 （15~20 分钟）

课后计划：如有必要，请学生采用报告的形式给出更加具体的解决方案，包括具体的职责分工，为后续章节内容做好铺垫。

2) 课堂提问逻辑（如图 5-2 所示）

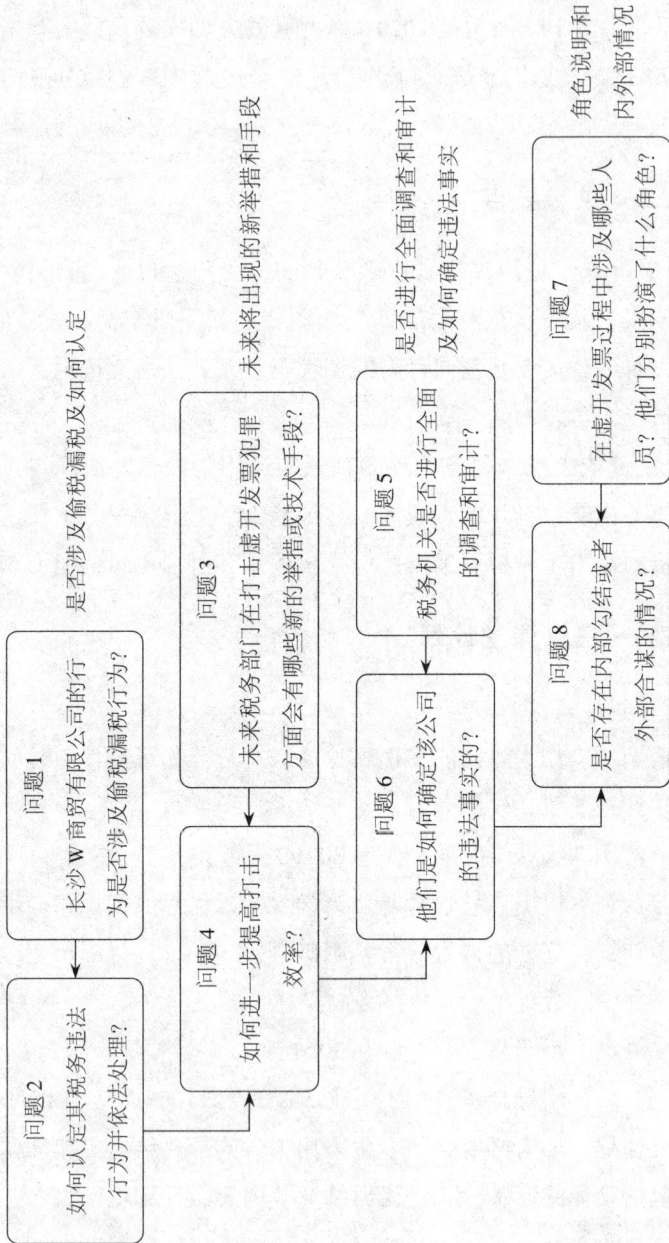

图 5-2 课堂提问逻辑示意图

问题 1
长沙 W 商贸有限公司的行
为是否涉及偷税漏税行为？

是否涉及偷税漏税及如何认定

问题 2
如何认定其税务违法
行为并依法处理？

问题 3
未来税务部门在打击虚开发票犯罪
方面会有哪些新的举措或技术手段？

未来将出现的新举措和手段

问题 4
如何进一步提高打击
效率？

问题 5
税务机关是否进行全面
的调查和审计？

是否进行全面调查和审计
及如何确定违法事实

问题 6
他们是如何确定该公司
的违法事实的？

问题 7
在虚开发票过程中涉及哪些人
员？他们分别扮演了什么角色？

角色说明和
内外部情况

问题 8
是否存在内部勾结或者
外部合谋的情况？

6 C电器股份有限公司的财务共享 服务中心的应用

本案例分析探讨 C 电器股份有限公司在财务共享服务发展过程中遇到的挑战和所采取的应对策略。C 电器股份有限公司是一家成立于 1958 年的综合性企业，随着其多元化业务的扩展和全球化的市场布局，财务管理变得愈加复杂。为了应对这一挑战，C 电器股份有限公司启动了财务共享服务变革。然而，在实施过程中，C 电器股份有限公司遇到了管理阻力、流程标准化、内部控制、业务协同等多方面的问题。本案例将详细分析这些问题，并探讨 C 电器股份有限公司采取的相应解决方案。

6.1 案例正文

随着全球化的深入，越来越多的中国企业开始在国际市场上寻求发展机会。C 电器股份有限公司作为中国最早一批走向国际化的企业之一，不仅要在国内市场保持领先地位，还要在全球范围内开拓业务，这对公司内部的管理体系提出了更高的要求。C 电器股份有限公司在 21 世纪初期面临着来自国内外竞争对手的巨大压力，市场份额的竞争愈演愈烈。在这种情况下，如何通过优化财务流程来提高运营效率，成为C电器股份有限公司亟待解决的问题。

正是因为这些行业背景的变化，C电器股份有限公司才需要进行财务共享服务，通过集中化和标准化的处理流程，降低运营成本，提高数据的准确性和时效性。这种模式满足了集团化和多元化的财务需求，在提高运营效率的同时，确保了财务管理的合规性，以应对市场竞争的压力和监管环境的变化。财务共享服务的引入，不仅是C电器股份有限公司应对行业变化的战略选择，也是公司提升核心竞争力的重要举措。

6.1.1　公司发展及现状

C电器股份有限公司成立于1958年，是中国家电行业的先锋之一。1993年，C电器股份有限公司在上海证券交易所上市，这标志着公司迈入了资本市场，并开始进入高速发展期。20世纪90年代末，C电器股份有限公司凭借彩电业务在国内市场上站稳了脚跟，成为当时中国彩电市场的龙头企业。在这一时期，C电器股份有限公司不仅在国内市场取得了领先地位，还开始拓展海外市场，建立了国际化的营销网络。

在成为国内彩电市场的领导者后，C电器股份有限公司开始实施集团化和多元化战略，旨在分散经营风险并开拓新的增长领域。这一战略调整推动公司从单一的彩电业务向综合性电子企业转型。通过一系列的投资和并购，C电器股份有限公司逐渐扩展到通信、军工、IT、家用电器等领域，为集团的发展注入了新的动力。

通信领域的扩展让C电器股份有限公司得以涉足手机、通信设备等产品，进一步丰富了产品线；军工领域的拓展为公司带来了稳定的收入来源，提升了公司的抗风险能力；在IT领域，C电器股份有限公司也开始生产计算机及相关设备，开拓了新的市场空间。多元化战略的实施，使C电器股份有限公司从一个传统的家电制造商转变为一个综合性集团公司，业务范围涵盖了多个行业和领域。

1）公司的现状

C电器股份有限公司是中国一家具有深厚历史的综合性企业，自成立以来，一直在不断扩展其业务范围，并在国内外市场中不断取得成功。现如今，C电器股份有限公司已经发展成为一个多元化的企业集团，业务领域涵盖了多媒体、家用电器、通信、IT、军工等，旗下拥有众多子公司和分支机构。

（1）业务范围和市场地位

在多媒体领域，C电器股份有限公司一直是国内市场的领导者之一，尤其以彩电业务闻名。通过持续的技术创新和产品线扩展，C电器股份有限公司在国内外市场上都占据了一席之地。近年来，随着市场需求的变化，C电器股份有限公司在多媒体领域持续创新，推出了智能电视、OLED电视等一系列新产品，进一步巩固了市场地位。

在家用电器领域，C电器股份有限公司提供空调、冰箱、洗衣机等多种家电产品。公司通过品牌建设和市场推广，逐渐在国内市场上获得了较高的品牌认知度。凭借质量可靠、功能多样的家电产品，C电器股份有限公司在中国的家电市场上占据了一定的份额。

在通信和IT领域，C电器股份有限公司也有深入的布局。公司生产手机、通信设备等一系列产品，以满足消费者的多样化需求。同时，C电器股份有限公司在IT领域也有涉及，生产计算机及相关配件。这些业务的扩展，使得C电器股份有限公司的产品线更加丰富，能够应对市场的多元化需求。

（2）全球化战略

C电器股份有限公司不仅在国内市场上取得了成功，还在全球范围内开展业务。公司在美洲、欧洲、东南亚等地区设立了子公司，并在美国、法国、俄罗斯等十多个国家和地区开设了商务中心。通过这样的全球化战略，C电器股份有限公司不仅能够扩大市场覆盖范围，还能更好地了解全球市场的需求，从而不断调整自身的业务策略。

全球化的业务布局也为C电器股份有限公司带来了新的机遇和挑战。通过在全球范围内开展业务，C电器股份有限公司能够更好地配置资源，利用不同地区的优势进行生产和销售。然而，这也意味着公司需要面对不同国家和地区的法律法规，以及更复杂的财务管理和风险控制。

2）行业背景

21世纪初，全球化的快速推进和中国市场的开放，推动了国内制造业的发展。C电器股份有限公司作为中国家电行业的领军企业之一，也在这个时期经历了行业环境的巨大变化。在这一时期，市场竞争加剧，企业的多元化发展成为一种趋势。同时，国际市场对产品和服务的质量要求也不断提高，给企业带来了新的机遇和挑战。这意味着企业需要面对不同的市场环境、法律法规和商业文化，这对公司内部的管理体系提出了更高的要求。

在这种背景下，财务管理的复杂性日益凸显。这对公司财务团队的专业能力、信息系统的支持以及内部控制提出了严峻的考验。与此同时，监管环境的变化也给企业带来了新的挑战。政府对财务透明度和合规性的要求日益严格，企业需要确保其财务管理符合相关法规和政策，这需要更高水平的内部控制和风险管理。

正是因为这些行业背景的变化，C电器股份有限公司才开始意识到，传统的财务管理模式已经无法满足公司的发展需求。财务共享服务作为一种新的财务管理方式，能够通过集中化和标准化的处理流程，降低运营成本，提高数据的准确性和时效性。

因此，在这种行业背景下，C电器股份有限公司开始探索财务共享服务，通过重构财务流程，实现财务管理的集中化和标准化，以应对市场竞争的压力和监管环境的变化。

6.1.2 公司财务共享服务中心介绍

C电器股份有限公司的财务共享服务中心自2008年建立以来，一直在不断发展和完善。通过财务共享服务，C电器股份有限公司将分散在各个子公司和分支机构的财务核算工作集中处理，以实现财务流程的标准化和效率提升。共享服务中心位于绵阳市，拥有470多名员工，负责为集团内的73家子公司提供财务和会计服务。财务共享服务中心的建立，为C电器股份有限公司的财务管理带来了诸多好处。这个财务共享服务中心的目标是通过财务流程的标准化和集中化处理，提升整个集团的财务管理能力，减少冗余和错误，提高运营效率。

然而，随着共享服务的深入，C电器股份有限公司也逐渐发现了一些问题。业务单元之间的沟通和协作、流程标准化与效率挑战、内部控制和财务风险等，成为财务共享服务需要面对的主要问题。通过不断优化和调整，C电器股份有限公司的财务共享服务中心在应对这些挑战方面取得了一定的进展，但仍需进一步完善和改进，以确保集团的财务管理能够适应公司持续发展的需求。

6.1.3 财务共享服务中心实施过程中面临的挑战与应对

C电器股份有限公司在实施财务共享服务的过程中，通过对财务流程的优化和信息化的应用，显著提升了财务运营效率。然而，在这个过程中，他们也遇到了一些问题，这些问题在财务共享的发展中是非常典型的。下面，我们将探讨C电器股份有限公司在财务共享发展中遇到的四个主要问题，并针对每个问题提供相应的解决方案。

挑战1：管理阻力与不确定性

当C电器股份有限公司决定推进财务共享服务这一变革时，最初遇到的阻力来自公司内部，尤其是那些受到流程标准化和集中化直接影响的部门和员工。在这个阶段，不确定性是管理阻力的主要原因，部分员工和管理者对于新的财务共享模式存在疑虑。

首先，部分子公司和业务单元的管理者对财务共享持观望态度。他们担心，集中化的财务处理会削弱子公司的自主权。原本分散在各个子公司和分支机构的财务职能，突然被集中到财务共享服务中心，这意味着子公司的管理者需要依赖财务共享服务中心的支持。这种集中化可能让他们觉得在决策和运营上失去了独立性，进而影响子公司的效率和灵活性。

其次，员工层面的阻力同样显著。对于许多财务人员来说，集中化意味着他们的工作内容可能发生变化，一些传统的财务核算和数据处理工作将被共享服务中心取代。这给员工带来了职业安全感的危机，许多人担心在新的模式下会失去工作或被重新安排到其他岗位。此外，集中化的处理方式还可能削减员工的自主权，影响他们对工作的控制感，这进一步加剧了他们的不确定性。

这种不确定性也体现在流程标准化上。财务共享服务的一个关键目标是实现财务流程的标准化，通过统一的操作流程来提高效率。然而，在实际操作中，不同子公司和部门往往有各自的流程和管理方式，将它们统一到一个标准化的流程中需要时间和调整。这种转变可能导致工作效率的暂时下降，使得员工对新流程的适应时间变长。

同时，观望态度还可能来自对财务共享服务中心的信任度不足。部分子公司和部门的管理者和员工可能不确定财务共享服务中心能否提供足够高效和可靠的服务。他们担心，财务共享服务中心无法及时满足他们的需求，从而影响业务运营。这种信任度的缺失也是造成管理阻力的一个重要原因。

应对1：高层领导的支持与员工培训

在解决财务共享服务中心建立初期的管理阻力与不确定性问题时，C电器股份有限公司首先着眼于高层领导的支持和员工培训。这是确保变革成功的关键一步。高层领导的明确支持不仅可以传递公司对财务共享的坚定意志，还可以在员工中间建立信任，减轻因变革带来的恐慌与不安。

高层领导的支持体现在多个方面。首先，他们要积极推动财务共享服务的落地，通过多种渠道向员工传达变革的必要性和战略价值。这种高层领导的背书可以增强员工对变革的信心。其次，领导层还需要积极参与到变革的过程中，直接参与到共享服务的设计和实施中，确保变革的方向与公司整体战略保持一致。

员工培训也是解决管理阻力的重要手段。C电器股份有限公司通过开展广泛的培训和交流活动，帮助员工了解财务共享的核心理念，理解新流程的操作方法。这种培训不仅可以消除员工的疑虑，还可以提高他们的工作能力，确保他们能够顺利适应财务共享服务的新模式。

为了确保部门之间的合作顺畅，C电器股份有限公司还通过签订服务协议的方式，明确各部门的职责和权限。这种方式可以减少部门之间的冲突，确保在财务共享服务的环境下，各部门能够有效合作。这种明确的合作框架有助于减少不确定性，确保财务共享服务的顺利运行。

挑战2：流程标准化与效率挑战

　　在C电器股份有限公司的财务共享服务模式下，流程标准化和效率挑战成为亟待解决的关键问题之一。财务共享服务的核心理念是将分散在各个业务单元的财务流程集中起来，以实现更高效的处理和更低的成本。然而，这种模式在实际操作中可能面临业务单元之间流程不一致的问题，进而影响整体的运营效率。

　　流程标准化的挑战主要体现在业务单元之间的多样性上。C电器股份有限公司作为一家多元化的企业，旗下拥有众多子公司和分支机构，每个单位的业务模式和运作流程都各不相同。这种多样性导致了财务流程的不一致性。不同的业务单元可能有自己的一套财务处理方式和流程，甚至使用不同的财务系统和软件。将这些流程标准化，需要克服流程上的差异，并确保在财务共享服务中心的集中处理过程中不出现纰漏。

　　流程标准化可能影响工作效率。在财务共享模式下，所有财务处理都集中在一个共享服务中心。这意味着，原本分散的财务流程现在需要通过统一的渠道来处理，这可能导致流程的复杂化和处理时间的延长。例如，集中化处理可能引发信息传递的延迟，影响财务核算和报表编制的速度。此外，由于需要遵循标准化流程，财务共享服务中心的操作灵活性可能受到限制，这在某些情况下会降低效率。

　　此外，标准化流程在实施过程中容易出现人为错误和数据不一致的风险。由于财务共享服务中心承担了集团内大部分的财务核算工作，错误在流程中的传播速度可能加快，导致整个集团的财务数据受到影响。尤其是当流程的标准化程度不够高或者执行不严谨时，容易出现数据的错误传递或遗漏，影响财务报告的准确性和完整性。

　　另一个影响效率的因素是沟通障碍。在财务共享模式下，业务单元需要与共享服务中心保持紧密沟通，以确保财务数据的准确性和及时性。然而，由于业务单元和共享服务中心的地理位置不同，沟通可能受到地域限制。信息的传递可能因地域差异而出现延迟，影响财务处理的效率。

　　在这种情况下，C电器股份有限公司面临的挑战是如何在保证流程效率的同时，确保数据的准确性和完整性。这需要在财务流程的标准化和集中化处理过程中，妥善处理业务单元之间的差异，确保流程的连贯性，并建立有效的沟通机制。否则，流程标准化可能不仅无法带来预期的效率提升，还可能导致数据混乱和流程失控，从而影响整个集团的财务管理能力。

应对 2：流程再造与自动化

为了应对财务共享服务模式下的流程标准化与效率挑战，C 电器股份有限公司采取了流程再造与自动化的策略。这一策略的核心在于优化流程、减少重复性操作，同时利用信息化和自动化技术来提升财务数据处理的效率和准确性。

C 电器股份有限公司要通过业务流程再造，对现有流程进行全面梳理和优化，将原本分散、冗余的流程节点进行简化，将重复性和低效的操作进行剔除，确保整个流程的统一性和标准化。流程再造不仅提高了工作效率，还降低了因流程混乱而导致的错误风险。

在流程优化的基础上，C 电器股份有限公司引入了信息化技术，通过自动化系统来实现财务数据的自动采集和处理。自动化不仅减少了手动操作的机会，还提高了数据处理的速度和准确性。自动化系统可以从各个子公司和业务单元实时获取财务数据，减少了人工干预带来的误差。同时，自动化系统还能够实现跨地域的数据传输，确保数据在各个业务单元之间的顺畅流通。

为了进一步提高效率，C 电器股份有限公司启用了扫描件记账功能，允许财务人员通过扫描件的方式快速获取账目信息。这一功能大大减少了传统纸质流程中的烦琐步骤，提高了记账的效率。此外，C 电器股份有限公司还引入了会计工厂概念，通过标准化作业和批量化处理，将财务核算变得更加系统和高效。这一概念的引入使得 C 电器股份有限公司的财务共享服务得以规模化处理，大大提升了流程效率。

挑战 3：内部控制和财务风险

在财务共享服务的实施过程中，内部控制和财务风险的问题逐渐显现。C 电器股份有限公司将财务数据和信息集中化处理，潜在的风险也随之增加。集中化处理虽然带来了效率提升，但同时也可能带来财务安全风险，如果没有适当的内部控制机制，可能导致数据泄露、舞弊行为发生等一系列问题。

数据的集中化处理增加了财务风险。在传统的分散式财务处理模式下，财务数据分布在各个子公司和业务单元，风险相对分散。然而，在财务共享服务模式下，所有的财务数据都集中在财务共享服务中心，一旦出现安全漏洞，可能会导致大范围的数据泄露。这不仅危及公司内部的财务安全，还可能影响与客户、供应商等外部合作伙伴的关系，严重损害公司的声誉。

集中化处理可能引发舞弊风险。在财务共享服务模式下，财务数据的处理权集中在财务共享服务中心，部分员工可能利用这种集中化的权力进行舞弊。例如，财务人员可能篡改数据、虚报账目、伪造发票等，这种行为可能在集中的财务处理环境中更加容易发生。如果没有严格的内部控制机制，舞弊行为可能无法及时被发现，导致严重的财务损失。

内部控制的复杂性也随之增加。财务共享服务要求在整个集团范围内具有统一的财务流程和操作规范，这需要强有力的内部控制机制。然而，由于财务共享服务中心承担了大量的财务处理工作，内部控制的设计和执行变得更加复杂。C 电器股份有限公司需要确保每个流程环节都有适当的控制点，并且在每个阶段都进行严格的审查和监督。如果内部控制不够完善，可能导致流程失控，增加财务风险。

另一个风险来自信息传递和沟通。在财务共享服务模式下，信息的传递和沟通需要通过统一的渠道。然而，地理位置的不同可能导致信息传递的延迟或错误，这可能影响财务处理的准确性和及时性。此外，如果没有有效的沟通机制，业务单元与共享服务中心之间的信息交流可能不畅，这也会增加财务风险。

综上，随着 C 电器股份有限公司的财务共享服务的发展，内部控制和财务风险成为公司必须面对的重要问题。这些风险可能源于数据的集中化处理、舞弊行为的潜在可能性、内部控制的复杂性，以及信息传递和沟通的不确定性。如果不加以有效控制，这些问题可能对公司的财务安全和运营产生严重影响。

应对3：内部控制体系

为了确保财务共享服务的安全性和防范财务风险，C 电器股份有限公司建立了严密的内部控制体系。这一体系通过设定关键控制点、嵌入信息系统，以及实施集中化管理等多种方式，确保流程的安全和规范。

C电器股份有限公司在业务流程中设定了关键控制点。这些控制点的设立旨在防止错误和舞弊行为，通过强制性检查和验证来确保流程的规范性。将控制点嵌入到信息系统中，以确保财务数据的处理遵循既定的标准和规则。这种控制机制可以有效地降低错误率，确保财务数据的准确性和完整性。

为了加强对财务风险的管理，C电器股份有限公司通过财务共享服务中心的集中化管理，更好地监督和控制财务风险。共享服务中心集中处理所有的财务数据，这使得公司能够更容易地监控异常情况，及时发现并纠正问题。通过集中化管理，C电器股份有限公司可以更有效地实施内部控制，确保财务流程的一致性和规范性。

此外，C电器股份有限公司还通过内部审计和定期检查，确保财务共享服务的安全性和合规性。内部审计部门定期对共享服务中心进行检查，确保所有流程符合公司规定和相关法律法规。这个过程不仅有助于识别潜在的风险，还能确保公司在财务处理上的合规性。定期检查则有助于发现流程中的薄弱环节，及时采取纠正措施，防止风险扩大。

通过这些内部控制措施，C电器股份有限公司确保了财务共享服务的安全和可靠。严密的内部控制体系为公司提供了强有力的风险防范机制，确保财务数据的准确性和合规性。

挑战4：业务协同与沟通障碍

C电器股份有限公司是一家多元化的企业，其子公司和分支机构分布在中国各地，甚至在全球范围内开展业务。这种广泛的地域分布给公司带来了巨大的业务灵活性和市场覆盖范围，但同时也为财务共享服务带来了业务协同与沟通障碍的问题。

在财务共享服务模式下，集团内所有子公司的财务数据和信息处理都集中到财务共享服务中心。这种集中化带来了效率的提升和流程的标准化，但也引发了业务协同的挑战。由于各个子公司位于不同的地域，沟通的障碍成为一个显著的问题。

不同地域的子公司可能使用不同的业务流程和财务管理方式。在传统的分散式财务管理模式下，各个子公司通常会根据自身的业务特点和区域环境制定相应的流程。这种差异在财务共享服务模式下需要得到统一，这可能导致业务协同的难度增加。子公司之间的流程差异可能影响财务数据的整合，导致共享服务中心难以准确、高效地处理财务信息。

地域上的差异可能导致信息传递的延迟。在财务共享服务模式下，子公司需要将财务数据传递到共享服务中心进行集中处理。这种信息传递的过程可能因为地理距离和技术条件而出现延迟，影响财务处理的及时性。此外，信息传递中的延迟还可能导致财务核算和报表编制的时间延长，进而影响公司整体的财务管理效率。

沟通障碍也是一个显著的问题。由于子公司和财务共享服务中心之间的地理距离，传统的面对面沟通变得更加困难。子公司与财务共享服务中心之间的沟通需要依赖电子邮件、电话会议等手段，但这些方式可能无法完全取得面对面沟通的效果。沟通的不畅可能导致信息传递的误解，进而影响财务共享服务的效率。

此外，子公司与财务共享服务中心之间的协作可能受到地域文化差异的影响。C电器股份有限公司的子公司分布在不同的省市，甚至在国际上设有分支机构。这种地域文化的差异可能导致业务协同的困难，影响子公司与共享服务中心之间的合作效率。如果无法有效解决这些文化差异，可能导致财务共享服务在执行过程中遇到阻力。

总之，C电器股份有限公司在财务共享服务模式下面临的业务协同与沟通障碍，主要源于子公司的地域分布和流程差异。这种障碍可能导致信息传递的延迟、沟通的不畅、业务协同的困难，最终影响财务共享服务的效率和准确性。因此，确保有效的业务协同和沟通机制，成为C电器股份有限公司在财务共享服务发展中需要解决的重要问题。

应对4：建立统一的信息平台

为了应对业务协同与沟通障碍，C电器股份有限公司积极利用信息化技术建立了统一的信息平台，确保不同子公司之间的业务协同与沟通。在财务共享服务的IT架构中，C电器股份有限公司构建了全面的SEI平台，包含了费用管理、银企互联、影像审批等核心板块。这个统一的信息平台的建立，有助于C电器股份有限公司的各个子公司实现数据共享与业务协同。

SEI平台的核心功能之一是费用管理。通过这一平台，C电器股份有限公司可以在集团内部实现费用的集中管理和监控，各个子公司在费用报销和审批上都需要经过这个平台。这种统一的费用管理方式，有助于减少冗余和不一致，确保财务数据的准确性。

银企互联是SEI平台的另一个关键板块。C电器股份有限公司通过这个系统，将企业与银行系统相连接，确保资金流动的高效管理。这一功能使得子公司之间的资金调度更加便捷，极大提升了资金管理的效率。

影像审批则是SEI平台中实现业务协同的核心手段之一。通过影像审批，C电器股份有限公司可以实现文件和资料的电子化传递，避免了传统纸质文件传递的低效和延迟。这种电子化手段不仅提高了审批流程的速度，还确保了各个子公司之间的沟通畅通。

C电器股份有限公司还利用移动应用和电子化手段，确保跨地域的业务协同。通过移动应用，员工可以随时随地进行审批、报销等操作，确保业务流程的顺畅。这种电子化的沟通方式，不仅确保了信息传递的及时性和准确性，还提高了整体业务协同的效率。

6.1.4 尾声

面对这些问题，C电器股份有限公司采取了一系列解决措施。通过这些信息化技术，C电器股份有限公司成功解决了不同子公司之间的沟通障碍，实现了业务的高效协同。统一的信息平台和电子化的业务流程，为C电器股份有限公司提供了更加灵活、高效的财务共享服务，确保公司在不同地域、不同业务单元之间的财务协同和沟通畅通无阻。

通过上述措施，C电器股份有限公司有效地解决了在财务共享发展中遇到的问题，并显著提升了财务管理的效率和可靠性。财务共享服务的成功实施，为 C 电器股份有限公司的持续发展提供了坚实的基础。

6.1.5　启发思考题

1）在实施财务共享服务时，如何实现多元化业务之间的协同？

2）C 电器股份有限公司采取了哪些办法来解决财务共享服务中的问题？你如何看待这些解决措施？

3）从管理角度来看，如何确保财务共享服务的高效实施和内部控制？

4）如果你是 C 电器股份有限公司的财务总监，面对这些问题，你将如何决策？

6.2　案例使用说明

6.2.1　教学目的与用途

1）本案例适用于"财务报表分析""财务会计理论与实务""会计学"等课程关于理解财务共享服务的实际运作和管理挑战等内容教学。

2）本案例的适用对象：经济类、管理类专业的本科生。

3）本案例的教学目的：让学生深入了解财务共享服务中心的实施过程及其带来的管理挑战。通过分析 C 电器股份有限公司的实际案例，使学生学会如何解决财务流程标准化、内部控制、跨区域业务协同和管理变革中的问题。此外，案例还旨在培养学生的综合分析能力和解决问题的思维，帮助他们掌握在实际工作中运用财务管理和信息化手段提高企业运营效率的方法。同时，学生还将学习如何通过有效的沟通和变革管理来克服组织内的抵触情绪，推动新模式的顺利实施。

6.2.2　启发思考题分析思路

课堂引导学生进行分析的思路：课堂中可以按照图 6-1 所示的思路

引导学生展开讨论（该图仅供参考，教师可以根据自己的教学目的进行调整）。

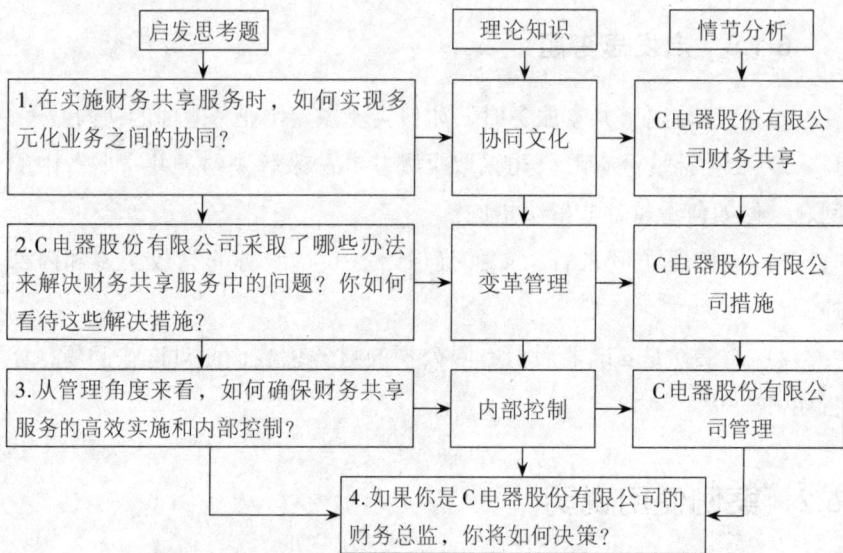

```
    启发思考题              理论知识              情节分析

┌─────────────────┐    ┌─────────┐       ┌─────────────┐
│1.在实施财务共享服务时，如何实现多│   │         │       │C电器股份有限公│
│元化业务之间的协同？ │───→│ 协同文化 │──────→│司财务共享   │
└─────────────────┘    └─────────┘       └─────────────┘

┌─────────────────┐    ┌─────────┐       ┌─────────────┐
│2.C电器股份有限公司采取了哪些办法│   │         │       │C电器股份有限公│
│来解决财务共享服务中的问题？你如何│──→│ 变革管理 │──────→│司措施       │
│看待这些解决措施？ │    └─────────┘       └─────────────┘
└─────────────────┘

┌─────────────────┐    ┌─────────┐       ┌─────────────┐
│3.从管理角度来看，如何确保财务共享│   │         │       │C电器股份有限公│
│服务的高效实施和内部控制？│──→│ 内部控制 │──────→│司管理       │
└─────────────────┘    └─────────┘       └─────────────┘

              ┌──────────────────────────────┐
              │4.如果你是C电器股份有限公司的  │
              │财务总监，你将如何决策？       │
              └──────────────────────────────┘
```

图 6-1　案例分析基本思路示意图

6.2.3　理论依据及分析

1）在实施财务共享服务时，如何实现多元化业务之间的协同？

【理论依据】

本案例基于企业文化理论及协同理论，分析C电器股份有限公司不同业务单元之间的理解和协作。

在实施财务共享服务时，实现多元化业务之间的协同是一个复杂的过程，这不仅涉及业务流程的标准化和技术手段的应用，还需要在企业文化层面建立共同的价值观和目标。在这一过程中，强调团结统一、共同发展，这种意识在企业多元化业务协同中同样重要。

首先，多元化业务的协同需要一个统一的目标和愿景。企业的各个子公司和分支机构虽然在业务内容和地域上存在差异，但通过设定统一的企业目标和发展愿景，可以将所有单位凝聚在一起。这种统一的目标和愿景不仅有助于业务协同，也在多样性中追求共同的发展和繁荣。

其次，企业文化的建设至关重要。企业文化是一种无形的力量，它能够影响员工的行为和价值观。通过构建包容、开放和协作的企业文化，能够促进不同业务单元之间的理解和协作。在这一过程中，通过宣传和教育，让员工认识到团结合作的重要性，进而增强企业内部的凝聚力。

再次，信息共享和沟通机制的完善也是实现业务协同的重要手段。在财务共享服务模式下，信息的及时准确传递是关键。通过建立健全的信息共享平台和沟通机制，可以有效减少因地域和业务差异带来的沟通障碍。同时，鼓励各个业务单元之间的交流与合作，能够进一步增强信息共享的效率和质量。

最后，激励机制的设计也不可忽视。在多元化业务协同的过程中，合理的激励机制可以调动员工的积极性和创造性。通过设立团队协作奖项和跨部门协作奖励，可以鼓励员工主动参与到业务协同中来。在这个过程中，强调共同体意识，让员工认识到个人利益与集体利益的一致性，从而在实际操作中更好地实现业务协同。

【案例分析】

C电器股份有限公司在2008年正式挂牌成立财务共享服务中心，标志着公司在财务管理方面迈出了战略性的一步。通过具体案例分析，可以更好地理解如何在实现多元化业务协同的同时，铸牢中华民族共同体意识。

（1）加强内部宣传和培训

C电器股份有限公司在推进财务共享服务初期，遇到的阻力主要来自公司内部的子公司和业务单元。各个子公司都担心集中化的财务处理会削弱其自主权，员工也担忧工作内容的变化和职业安全感的危机。针对这一问题，C电器股份有限公司通过加强内部宣传和培训，让员工了解财务共享服务的优势和必要性。同时，通过组织各种团队建设活动，增强员工的归属感和认同感。在这些活动中，C电器股份有限公司注重团结合作，帮助员工从思想上接受变革，减轻不确定性带来的压力。

（2）实现财务流程的标准化

C电器股份有限公司作为一家多元化的集团公司，旗下的子公司和分支机构在业务模式和运作流程上存在较大差异。为了实现财务流程的标准化，C电器股份有限公司开展了大量的流程梳理和优化工作。通过引入先进的ERP系统，统一财务核算标准和流程，提高数据处理的准确性和一致性。同时，在实施过程中，C电器股份有限公司通过定期召开跨部门会议，解决在流程标准化中遇到的问题。这些会议不仅是对技术和流程的讨论，也是文化和价值观的交流，C电器股份有限公司通过这些交流活动，让员工认识到标准化流程带来的集体利益，从而提高整体的协同效率。

（3）提高员工对财务风险的警惕性和应对能力

随着财务共享服务中心的运营，C电器股份有限公司逐渐发现，集中化处理虽然带来了效率提升，但也增加了财务风险。为了应对这一挑战，C电器股份有限公司建立了严格的内部控制机制，制定了详细的风险防范措施。同时，C电器股份有限公司注重在员工中培养风险意识，通过定期的培训和演练，提高员工对财务风险的警惕性和应对能力。在这些培训中，C电器股份有限公司不仅强调技术和流程的标准化，更强调团队协作和共同体意识，让员工认识到每个人都是财务安全的一部分，只有大家共同努力，才能确保公司的财务安全和稳定。

（4）开展跨部门和跨区域的协作项目

由于C电器股份有限公司的子公司和分支机构分布在全国各地，甚至在全球范围内开展业务，地域上的差异带来了业务协同和沟通障碍。为了解决这一问题，C电器股份有限公司建立了多个信息共享平台和沟通渠道，确保信息的及时传递。同时，通过开展跨部门和跨区域的协作项目，促进各子公司之间的交流与合作。在这些项目中，C电器股份有限公司鼓励各个业务单元之间的协作和支持。通过这种方式，C电器股份有限公司不仅解决了业务协同的难题，还在公司内部形成了团结合作的良好氛围。

2）C电器股份有限公司采取了哪些办法来解决财务共享服务中的问题？你如何看待这些解决措施？

【理论依据】

本案例基于库特勒的变革管理八步模型，分析C电器股份有限公司业务流程重组的绩效改进。

在解决财务共享服务中的问题时，C电器股份有限公司采取了多种措施。这些措施可以通过现代财务管理理论和组织变革理论来理解。财务共享服务中心的建立旨在通过集中化和标准化提高效率和一致性，这是现代财务管理中常见的策略。根据哈默和钱皮的《重塑公司》一书，业务流程重组（BPR）是实现组织高效运作的关键手段之一，它强调通过彻底重新设计业务流程来实现显著的绩效改进。

此外，变革管理理论指出，在组织变革过程中，员工的抵制和不确定性是常见的障碍。库特勒的变革管理八步模型强调，成功的变革需要有效的沟通、培训和变革愿景的建立。通过这些措施，可以减少员工的抵制情绪，提高他们对新系统的接受度。同时，内部控制和风险管理理论也强调，通过建立健全的内部控制系统，可以有效防范和控制财务风险。

【案例分析】

C电器股份有限公司采取了一系列措施：

（1）制定明确的职业发展路径

为了减轻管理层和员工的疑虑，C电器股份有限公司开展了广泛的内部沟通和培训活动。他们解释财务共享服务的优势，如提高效率和减少错误，并展示成功案例以增强信心。同时，C电器股份有限公司通过制定明确的职业发展路径，保障员工的职业安全感，减少对新模式的抵触。

（2）实现流程标准化与提高效率

C电器股份有限公司对各子公司的财务流程进行了全面梳理，制定了统一的操作标准和规范。他们引入先进的信息化系统，整合不同的财务系统和软件，以确保数据的统一性和准确性。此外，通过自动化技术的应用，C电器股份有限公司大幅减少了手工操作，提高了处理效率。

（3）加强内部控制与降低财务风险

C电器股份有限公司建立了严格的内部控制机制，包括多级审批流程和定期审计制度，以防止数据泄露和舞弊行为。他们还采取了数据加密和访问控制等技术手段，确保财务数据的安全。同时，通过定期的内部审查和风险评估，及时发现并纠正潜在问题。

（4）解决业务协同与沟通障碍

为了克服地域和文化差异带来的沟通障碍，C电器股份有限公司引入了先进的沟通工具和平台，如视频会议和即时通信软件，增强各业务单元与共享服务中心之间的互动。他们还设立了跨部门的协作小组，负责协调和解决跨地域的业务问题，确保信息的及时传递和处理。

通过这些措施，C电器股份有限公司不仅解决了财务共享服务实施过程中的诸多挑战，还提升了集团的整体财务管理能力和运营效率。这些解决方案展示了财务共享服务在大型企业中的应用价值，也为其他企业提供了有益的借鉴。

3）从管理角度来看，如何确保财务共享服务的高效实施和内部控制？

【理论依据】

本案例基于COSO框架进行内部控制的设计和评估，分析C电器股份有限公司内部控制的有效实施。

有效的管理原则和内部控制框架是确保财务共享服务高效实施和内部控制的基石。内部控制框架，如COSO（内部控制综合框架），提供了全面、一致的方法来评估和增强组织的内部控制。COSO将内部控制定义为一个由董事会、管理层和其他人员设计、实施和运营的过程，旨在为实现组织目标提供合理的保证。在财务共享服务的实施中，依据COSO框架进行内部控制的设计和评估，有助于确保财务数据的准确性、完整性和可靠性。此外，风险管理理论强调通过识别、评估和应对潜在的风险，来降低错误率和不确定性。有效的风险管理是内部控制的重要组成部分，可以在财务共享服务过程中有效地减少风险的发生概率和影响程度。同时，沟通及其技巧在财务共享服务的实施中扮演着关键角色。建立畅通的沟通渠道、促进信息交流和理解，以及提高沟通技巧，有助于管理层有效地传达目标和期望，从而促进团队合作和协作，确保内部控制的有效实施。

【案例分析】

可以借鉴以下管理方法和实践经验：

（1）建立有效的内部控制机制

C电器股份有限公司可以依据COSO框架，评估和设计适用于财务共享服务的内部控制机制。这包括明确的责任分工、适当的授权机制、有效的信息和沟通系统，以及持续的监督和审计机制。通过建立健全的内部控制，可以有效地减少错误和舞弊行为的风险。

（2）加强风险管理

C电器股份有限公司应该进行全面的风险评估，识别和评估财务共享服务中可能面临的各种风险。针对不同的风险，制定相应的风险应对策略，并建立监控机制，及时应对潜在的风险事件。此外，培训员工，提高他们对风险管理的意识和能力，也是非常重要的。

（3）加强沟通与进行沟通技巧培训

C电器股份有限公司可以通过定期组织会议、建立在线沟通平台、开展培训等方式，加强组织内部和不同部门之间的沟通。管理层应该注重倾听员工的意见和反馈，及时解决问题，增强员工的参与感和归属感。同时，也需要提供沟通技巧培训，帮助员工提高有效沟通的能力，促进团队协作和合作。

（4）持续改进与学习

C电器股份有限公司应该将财务共享服务视为一个持续改进的过程。他们可以建立反馈机制，定期评估服务质量和内部控制效果，及时调整和改进管理措施。同时，积极学习和借鉴其他企业的成功经验和最佳实践，不断提升自身的管理水平和竞争力。

通过以上管理方法和实践经验的应用，C电器股份有限公司可以更好地确保财务共享服务的高效实施，提升公司整体的财务管理能力和竞争力。

4）如果你是 C 电器股份有限公司的财务总监，面对这些问题，你将如何决策？

【理论依据】

本案例基于信息沟通理论和跨文化管理理论，分析 C 电器股份有限公司地域距离引起的沟通障碍。

在解决 C 电器股份有限公司面临的业务协同与沟通障碍问题时，可以借鉴信息沟通理论和跨文化管理理论。信息沟通理论指出，有效的沟通是组织成功的关键因素之一，尤其是在跨地域、跨文化的情境下，更需要注重沟通的质量和效率。跨文化管理理论强调了理解和尊重不同文化背景下的差异，以促进跨国企业内部的协作和沟通。在解决 C 电器股份有限公司面临的业务协同与沟通障碍问题时，需要考虑采用适当的跨文化沟通策略，为员工提供跨文化沟通技巧培训，建立有效的沟通机制，并借助信息技术工具来弥补地域距离带来的沟通障碍，从而促进信息沟通理论和跨文化管理理论的发展。

【案例分析】

C 电器股份有限公司作为一家多元化的公司，其子公司和分支机构分布在不同的地区，面临着业务协同与沟通障碍的问题。在财务共享服务模式下，集中处理财务数据和信息可能受到地域和文化差异的影响，导致沟通不畅、信息传递延迟等问题，影响了财务共享服务的效率和准确性。

为解决这一问题，C 电器股份有限公司的财务总监可以采取以下策略：

（1）制定跨文化沟通策略

财务总监可以制定针对不同地域和文化背景的跨文化沟通策略，包括尊重文化差异、倡导开放式沟通、提倡互惠式沟通等，以促进团队合作和信息交流。

（2）提供沟通技巧培训

财务总监可以组织跨文化沟通技巧培训，帮助员工提高跨文化意识和有效沟通能力，促进不同地域和文化背景下的沟通和合作。

（3）建立定期沟通机制

财务总监可以建立定期的沟通会议和跨部门沟通机制，促进各个子公司和共享服务中心之间的信息共享和交流，及时解决沟通中的问题和误解。

（4）利用信息技术支持

财务总监可以借助信息技术工具，如视频会议、在线协作平台等，弥补地域距离带来的沟通障碍，促进跨地域的业务协同和沟通。

通过以上措施的实施，C电器股份有限公司可以有效解决业务协同与沟通障碍问题，提高财务共享服务的效率和准确性，推动公司财务管理能力的提升。

6.2.4　背景信息

2020年，中国市场正处于快速发展和深刻变革的时期。经济增长迅速，市场开放程度不断加深，企业面临的竞争日益激烈。中国国内生产总值（GDP）增长率为9.6%，尽管比前几年的两位数增长有所放缓，但仍保持了较高的增速，反映了中国经济的持续扩张和强劲发展势头。全球金融危机对中国市场产生了一定影响，外贸企业受到冲击，出口增长放缓，国内市场需求的重要性进一步凸显。随着市场经济体制的不断深化，越来越多的企业开始重视内部管理改革和技术创新，以提升竞争力和适应市场变化。财务共享服务中心等现代化管理手段逐渐成为企业提升管理水平的重要工具。同时，信息技术的快速发展推动了企业的信息化建设。ERP（企业资源计划）系统和财务共享服务中心的普及，为企业实现精细化管理和全球化运营提供了技术支持。在这样的背景下，企业纷纷寻求管理创新，以应对日益激烈的市场竞争。

从表6-1来看，2020年，中国经济保持了强劲的增长势头，GDP增长率达9.6%。尽管面临全球金融危机，进出口总额仍达到2.56万亿美元，其中出口1.43万亿美元。消费者价格指数（CPI）增幅为5.9%，显示出一定的通胀压力。外商直接投资（FDI）达92亿美元，表明中国市场对外资依然具有吸引力。城镇失业率为4.2%，较为稳定。城镇人均可支配收入为15 781元，而农村为4 761元，显示了城乡收入差距的存在。整体来看，中国市场在快速发展中仍面临多重挑战。

表6-1   2020年中国市场情况数据表

指标	数据
GDP增长率	9.6%
消费者价格指数（CPI）增长率	5.9%
进出口总额	2.56万亿美元
出口总额	1.43万亿美元
外商直接投资（FDI）	92亿美元
城镇失业率	4.2%
人均可支配收入（城镇）	15 781元
人均可支配收入（农村）	4 761元

6.2.5　关键要点

1）关键点：C电器股份有限公司在推进财务共享服务时，成功解决了管理阻力、流程标准化、内部控制和业务协同等关键挑战。通过加强内部宣传培训，引入ERP系统，建立严格的内部控制机制，以及建立信息共享平台，有效提升了运营效率和业务协同，确保了财务数据的安全和一致性。

2）关键能力点：变革管理能力、流程优化技术应用能力、风险管理内部控制能力、跨文化沟通协作能力。

6.2.6　建议课堂计划

1）时间计划

整个案例课的课堂时间控制在80~90分钟。

课前计划：提出启发思考题，请学生在课前完成阅读和初步思考。

课中计划：简要的课堂前言，明确主题　　　　　　　（2~5分钟）

　　　　　　分组讨论，告知发言要求　　　　　　　　（30分钟）

　　　　　　小组发言，控制在30分钟内　　　　　（每组5分钟）

　　　　　　引导全班进一步讨论，并进行归纳总结（15~20分钟）

课后计划：如有必要，请学生采用报告形式给出更加具体的解决方案，包括具体的职责分工，为后续章节内容做好铺垫。

2）课堂提问逻辑

结合案例启发思考题、案例发展情节以及课堂教学内容，归纳梳理理论依据与案例情节之间的逻辑关系与要点内容，从而激发学生参与的积极性，促使学生发散思维以及培养学生问题分析的能力。

6.3 主要参考文献

［1］蔡昌. 税收信用缺失的根源及治理制度设计［J］. 税务研究，2014（11）：54-57.

［2］常晓素. 大数据在税收风险管理中的应用探析［J］. 税务研究，2019（6）：78-81.

［3］邓学飞，贺照耀. 大数据在纳税缴费信用体系建设中的应用研究［J］. 税务研究，2020（5）：72-78.

［4］高莉，韩建英. 税收信用的理论分析及政策建议［J］. 涉外税务，2003（4）：29-32.

［5］张云华，商永亮. 大数据时代税收管理的机遇与挑战探析［J］. 税务研究，2018（9）：76-81.

［6］黄桦. 中国税收信用体系建设研究［M］. 北京：中国税务出版社，2010.

［7］黄润良. 构建税收信用体系初探［J］. 税务研究，2002（7）：17-19.

［8］胡元聪，闫晴. 纳税信用修复制度的理论解析与优化路径［J］. 现代法学，2018，40（1）：78-91.

［9］江武峰. 大数据背景下税收管理改革的实践与思考［J］. 税务研究，2018（1）：113-116.

［10］姜敏. 大数据背景下的税收管理创新［J］. 税收经济研究，2017，22（2）：33-37.

［11］李林木，于海峰，汪冲，等. 赏罚机制、税收遵从与企业绩

效——基于纳税信用管理制度的研究 [J]. 经济研究，2020，55（6）：89-104.

[12] 李平. 运用大数据推动税收监管创新的思考 [J]. 国际税收，2020（12）：54-58.

[13] 任国哲. 大数据时代完善税收征管制度体系的思考 [J]. 税务研究，2019（9）：114-118.

7 D集团财务数字化转型案例研究

D集团自2012年起，着眼于突破个性化关键技术，增强企业竞争优势，不断增加研发投入，在世界范围内扩大研发优势，并组建包括33个研发领域在内的六大研发中心。D集团在商业模式创新过程中孕育出数字化创新业务的新型模式，其主要功能是为企业数字化转型提供软件服务。D集团2013年正式开始财务数字化转型，先后经历了数字化1.0与数字化2.0时代，实现了由会计电算化向信息化再向数字化转变的过程。

7.1 案例正文

网络信息技术的发展与提升，进一步加快了"中国智造"的发展进程。近年来，我国对智能制造的发展非常重视，国务院印发《中国制造2025》，部署全面推进实施制造强国战略，指出：要坚持走中国特色新型工业化道路，以加快新一代信息技术与制造业深度融合为主线，以推进智能制造为主攻方向，促进产业转型升级。随着互联网技术的发展、消费者需求的加速转变以及国内外形势的变化，我国传统制造业亟需转型以适应时代的发展。基于此，国家也在不断出台各种措施推动制造企业的智能化转型和升级，以期提升企业价值，进而提高我国的制造业水平。

D集团作为家电行业的龙头企业，实施智能化转型取得的成功经验，不仅可以为同类型家电企业提供参考，而且能够为其他行业实施智能化转型和升级提供借鉴。因此，本案例对D集团智能化转型进行分析。

7.1.1 公司现状及行业背景

1）公司状况

D集团，一家全球领先的家电制造商，其产品线覆盖了家用空调、厨房电器、热水器、洗衣机等多个领域，并在全球范围内拥有庞大的销售渠道和消费者基础。作为家电行业的佼佼者，D集团一直在寻求通过数字化转型来推动其财务管理水平的提升。

D集团于1968年成立于佛山顺德，现总部位于广东省佛山市顺德区北滘镇。"科技尽善，生活尽美"，D集团是一家集智能家居、楼宇科技、工业技术、机器人与自动化和数字化创新业务五大业务板块于一体的全球化科技集团，过去五年研发资金近500亿元，形成D、小天鹅、华凌、COLMO、库卡、威灵、合康、高创、万东和菱王等多个品牌组合，每年为全球超过4亿用户，包括各领域的重要客户与战略合作伙伴，提供满意的产品和服务。

随着物联网、大数据、人工智能等技术的快速发展，D集团敏锐地把握住了时代的机遇，开始积极布局智能家居领域。通过整合智能硬件、云服务和大数据分析等技术手段，D集团成功打造了一系列智能家居产品，为消费者提供了更加便捷、舒适的生活体验。近年来，D集团还积极拥抱数字化创新业务，通过数字化转型推动企业的创新发展。例如，D集团利用大数据和人工智能技术，实现了对供应链的精准管理和优化，提高了生产效率和质量。同时，D集团还通过数字化手段，提升了用户体验和满意度，进一步巩固了市场地位。

在国际化方面，D集团也取得了显著的进展。公司通过海外并购、合资合作等方式，不断拓展海外市场，实现了业务的全球化布局。迄今，D集团在全球拥有约200家子公司、35个研发中心和35个主要生产基地，业务覆盖200多个国家和地区。

2）行业背景

首先，由于家电行业同质化严重，导致市场竞争激烈。同时，随着天猫和京东等电商平台的迅速崛起，以自有销售渠道为主导的D集团面临巨大的挑战。随着人们生活水平的不断提高和居民消费观念的不断改变，消费者不再盲目地追求价格较低的产品，而是注重提升产品品质。并且我国将数字经济上升至国家战略层面，2015年，国家提出了"互联网+"计划，随后陆续提出数字中国、中国制造2025、网络强国等战略规划。在数字经济的大背景下，对于D集团来说，数字化转型是实现高质量发展的必由之路。

其次，D集团有降低生产成本的需要。在2010年至2012年期间，宏观经济下滑、消费者需求变化、商品价格上涨、家电下乡政策的结束和人口红利的逐渐消失等因素，导致D集团的收益明显降低。对于D集团来说，多年发展而来的部门及组织层级较为复杂，在管理、生产、销售等方面均存在沟通不畅的问题。部门与部门之间信息存在时间差的问题时常出现，导致出现不必要的资源浪费。随着数字经济的发展，企业的核心竞争优势已由"制造能力"向"业务能力+数字技术+生产能力"转变。

7.1.2 D集团进行数字化转型的过程

D集团财务数字化转型是一个系统性的工程，它涵盖了财务流程的数字化、财务数据的智能化分析以及财务决策的科学化等多个方面。

D集团的数字化转型从财务处理、管理环节和生产环节三个方面进行。

在财务数据处理方面，D集团通过全面的IT系统升级，打通了桌面端、移动端与数据库之间的连接，实现了企业管理流程的全面优化。

这一步骤不仅提高了财务数据的处理速度，还使得数据更加准确和可靠。而且，D集团建立了财务共享服务中心，整合了各个子公司的财务部门和业务流程。通过建立标准化的财务流程和数据模型，D集团实现了财务管理的一体化和精细化。财务共享服务中心的引入，使得财务数据得以集中存储和实时更新，大大提高了财务数据的准确性和时效性。

此外，D集团还通过引入先进的财务管理系统，实现了对财务数据的实时监测和审计。这一举措不仅提高了财务数据的透明度，还有助于企业及时发现和解决潜在的风险。

在管理环节，D集团制定了"632变革项目"来应对集团管理。"632"即六大运营平台、三大管理平台以及两大技术平台。D集团在2016年和2017年收购了东芝家电、意大利中央空调企业Clivet和库卡集团等企业之后，原先的"632变革项目"并不能实现企业与企业之间的联系。

因此，D集团在2018年提出了"国际632项目"，在全球范围实现一个D、一个体系、一个标准的资源协同与共享。新项目的提出可以实现多家公司之间的相互联系，进一步提高管理效率。目前，随着互联网技术和5G技术的发展，D集团提出了"数字D2025"的展望，旨在将数字决策与业务相融合。

在生产环节，生产的产品是否符合客户要求更是企业面临的最大问题。为了解决这一问题，D集团不仅建立了"T+3"模式的生产流程，还研发了多种智能产品，紧跟数字化转型的步伐。2018年，D集团发布了全新的工业互联网平台M.IoT。M.IoT是以D集团几十年的生产经验为基础，集"生产+软件+硬件"于一体，构建D集团工业云生态，为整个行业提供数字化服务的互联网平台。该平台可以实现全价值链数字化解决方案，为"人机新时代"的发展战略奠定基础，进一步推进D集团在生产环节的数字化转型。

管理和生产的数字化转型为销售环节的数字化转型打下了坚实的基础。从D集团的官方商城到美云销平台，D集团建立了完整的互联网销售平台，拥有良好的售后服务，实现了财务数字化转型。

7.1.3 面临的问题

D集团财务数字化转型中面临的问题主要体现在以下几个方面：缺乏有效数据管理策略和工具，数据难以实时整合分析；没有建立统一的数字化基座，财务信息不对称；数字化转型技术人员短缺；财务绩效存在一定问题。

1）缺乏有效数据管理策略和工具，数据难以实时整合分析

D集团在财务数字化转型过程中，存在数据质量不高问题。D集团数据中控虽然已经实现了产品主数据管理和智慧家居管理等功能，但是在数据收集、传输、存储过程中，由于缺乏有效的管理策略和工具，可能会导致数据质量问题。例如，数据可能会出现重复、不完整、不准确等问题，这会影响数据分析的准确性。

D集团在财务数字化转型进程中，存在数据处理效率低问题。D集团需要整合大量的数据，包括渠道数据、配网数据、社区运营数据和内容运营数据等。但是，由于缺乏有效的数据管理策略和工具，数据处理效率较低，导致数据分析的实时性和准确性受到影响；需要处理大量的敏感数据，如消费者数据、产品数据等。而且，由于缺乏有效的数据管理策略和工具，还可能导致数据泄露、篡改等安全问题，这会对D集团的声誉和业务造成严重影响。

D集团在财务数字化转型进程中，存在数据分析能力不足问题。在D集团财务数字化转型进程中，需要对大量的数据进行分析，以支持业务决策和优化。但是，由于D集团缺乏有效的数据管理策略和工具，可能导致数据分析能力不足，无法及时发现业务问题和优化机会。

面对此问题，需要建立数据管理策略、选择合适的数据管理工具、实现实时数据整合、加强培训和人才建设以及与第三方合作等多方面的努力。这样有利于提高公司的数据管理能力，实现数据的实时整合分析，为公司的决策提供有力支持。

2）没有建立统一的数字化基座，财务信息不对称

没有统一的数字化基座，财务数据的真实性和一致性就无法得到保证，影响D集团的财务绩效和非财务绩效。例如，数字化基座的建立可

以通过连接超过400万台工业设备和能源设施，构建互联生态，使集团可以更加准确地了解业务和财务状况，为管理层提供更加精准的决策支持。

但是如果数据难以互通，就可能导致决策失误，影响集团的利益。数字化转型需要数据的支持。如果财务信息难以互通，数字化转型的进程就可能受到影响。例如，D集团在2012年以来逐步推进数字化转型，并在数字营销、研发投入以及智能制造等方面取得了显著成果，如果没有统一的数字化基座，这些成果可能会受到影响。

财务信息难以互通，可能使D集团面临数据被泄露、数据被篡改等风险。这将对集团的声誉和业务造成严重影响。例如，事业单位财务管理需要严格规范工作人员行为，充分发挥内部控制的积极作用，评估业务风险，降低风险发生概率，没有统一的数字化基座，这些风险可能会增加。

面对此问题，需要建立统一的数字化基座、制定财务数据管理制度、强化内部控制和审计、加强信息化建设和培训、实施财务透明化以及引入第三方机构。通过以上措施的实施，公司可以逐步建立统一的数字化基座，解决财务信息不对称的问题，提高公司的财务管理水平和市场竞争力。

3）数字化转型技术人员短缺

首先，缺乏专业知识。D集团需要具备数据分析、数字营销、网络安全和领导力等多方面技能的数字化转型技术人员。然而，在目前市场上这些复合型人才非常稀缺，难以满足D集团的需求。

其次，技术更新速度快。数字化转型技术的发展日新月异，新的技术不断涌现。D集团需要不断更新技术，以跟上市场的步伐。但由于技术人员的短缺，导致技术更新速度跟不上市场的变化速度。

再次，D集团需要的数字化转型技术人员通常需要具备较高的专业技能和经验，这些人才在市场上非常抢手。一旦这些人才被其他公司挖走，D集团将面临人才流失的风险。

最后，数字化转型技术人员的招聘难度较大，因为这些人才在市场上非常稀缺。D集团需要花费更多的时间和精力来寻找和招聘这些人才。

面对公司面临的数字化转型技术人员短缺的问题，D集团用以下策略来缓解：招聘与人才吸引、内部培训与提升、合作与外包、技术引进与共享、激励机制与文化建设、保持与行业的紧密联系等。通过以上策略的实施，公司可以在一定程度上缓解数字化转型技术人员短缺的问题，为公司的数字化转型提供有力的人才保障。

同时，公司也需要不断总结经验教训，不断优化人才战略和技术发展方向，以应对日益激烈的市场竞争。

4）财务绩效存在一定问题

D集团生产成本高，竞争优势不明显。在纵向对比中可以发现，D集团销售毛利率与销售净利率相差较大，达到15%以上，因此可以推断D集团的生产及销售成本较高。与行业的盈利能力横向对比分析发现，D集团的净利率与总资产报酬率处于行业中游，距离格力电器还有一定的差距，表明D集团的产品在市场竞争中没有明显的优势。

D集团营运效率欠佳，有待提高。无论是在提出数字化转型之前，还是数字化转型实施之后，D集团的营运能力表现一直欠佳。D集团应收账款周转率数字化转型前后表现平稳但在行业中处于中游位置，存货周转率有所降低但在行业中处于前列，总资金周转率呈下降趋势且与海尔智家有较大差距，所以提高D集团营运能力是有必要的。

当一家公司财务绩效存在问题时，应该采取一系列措施，如识别问题、分析原因、制订改进计划、加强内部控制、提升财务人员素质、优化财务管理流程、制定明确的财务目标和指标、加强预算管理和成本控制以及绩效诊断与改进等，逐步解决财务绩效存在的问题，提高财务绩效水平，为公司的发展提供有力支持。

7.1.4　尾声

D集团的数字化转型是一个持续的过程，具体开始于2012年，在多个阶段实现了升级和进步，特别是2015年至2016年期间，D集团打造了"D+互联网"模式，完成了数字化2.0阶段的转型升级。D集团财务数字化转型的效果显著，主要体现在以下几个方面：

首先，财务数字化转型使 D 集团的工作效率显著提升。D 集团通过引入 ERP（企业资源计划）系统，实现了财务信息的集中管理和快速处理。这使得财务数据的收集、分析和报告变得更加高效和准确，大大提高了财务部门的工作效率。此外，ERP 系统还通过规范会计流程和科目标准，降低了人为错误的风险，进一步提升了财务工作的准确性。

其次，财务数字化转型为 D 集团优化了成本，使 D 集团能够更好地管理其成本结构。通过实时监控和分析财务数据，D 集团能够更准确地识别和控制成本，避免浪费。此外，数字化转型还促进了供应链的优化，减少了库存积压和资金占用，进一步降低了成本。

再次，D 集团通过财务数字化转型，建立了智能财务分析系统，利用大数据和人工智能技术对财务数据进行深度分析和挖掘。这使得集团能够实时监控和预测财务指标，及时发现异常情况，为管理层提供更加精准、及时的财务数据和决策支持。智能财务分析系统还可以根据不同的用户需求生成定制化的财务报表和分析结果，提高了财务数据的可视化和沟通效果。另外，财务数字化转型为 D 集团优化了内部控制和风险管理。通过建立统一的管控体系和预警纠错机制，D 集团能够更好地识别和管理财务风险。此外，财务数字化转型还促进了 D 集团对海外市场的管控体系建设，提高了跨国财务数字化统—管理的水平。

最后，D 集团财务数字化转型的成果在财务绩效上得到了充分体现。自启动数字化转型以来，集团的营收、净利润和资产总额均实现了显著增长。根据公开数据，2024 年第一季度，D 集团实现营业总收入 1 061 亿元（另一数据为 1 064.83 亿元），同比增长 10.2%（另一数据为 10.19%）。归属于母公司的净利润及扣除非经常性损益后的净利润分别增长 11.9% 及 20.4%，均达到约 90 亿元。而在 2023 年上半年，D 集团的净利润达到 182.32 亿元，同比增长 39.22%，这些成绩是 D 集团综合业务发展和持续不断的财务数字化转型所作出的。

综上所述，D 集团财务数字化转型为集团带来了显著的财务效益和运营效率的提升。未来，随着财务数字化转型的深入推进，D 集团将继续探索更多的创新应用，为企业创造更大的价值。在财务数字化转型的过程中，D集团应注重加强内部沟通和协作，打破部门壁垒，实现信息共享和资源整合。

同时，还需要关注国家政策法规的变化，积极响应政府号召，履行社会责任，推动可持续发展。此外，财务数字化转型还应注重提升员工的专业素养和技能水平，培养员工的创新意识和实践能力。只有不断提升自身素质和能力，才能更好地适应数字化时代的要求和挑战。

7.1.5 启发思考题

1）企业在财务数字化转型过程中，如果存在信息不对称问题，应该如何解决？

2）当公司财务绩效可能将要出现问题时，应如何避免？

3）在财务数字化转型过程中，是否还存在着D集团遇到问题以外的其他问题？又该如何解决？

7.2 案例使用说明

7.2.1 教学目的与用途

1）本案例适用于"会计信息系统""管理学""会计学"等课程关于财务数字化转型等相关内容的教学。

2）本案例的适用对象是经济类、管理类专业的学生。

3）本案例的教学目的：帮助学生深入理解财务数字化转型的意义和实施方法，掌握实际操作技能，提高实践能力和创新思维能力，培养团队合作和沟通能力，为企业财务数字化转型提供有力支持。

7.2.2 启发思考题分析思路

课堂引导学生进行分析的思路：课堂中可以按照图7-1所示的思路引导学生展开讨论（该图仅供参考，教师可以根据自己的教学目的进行调整）。

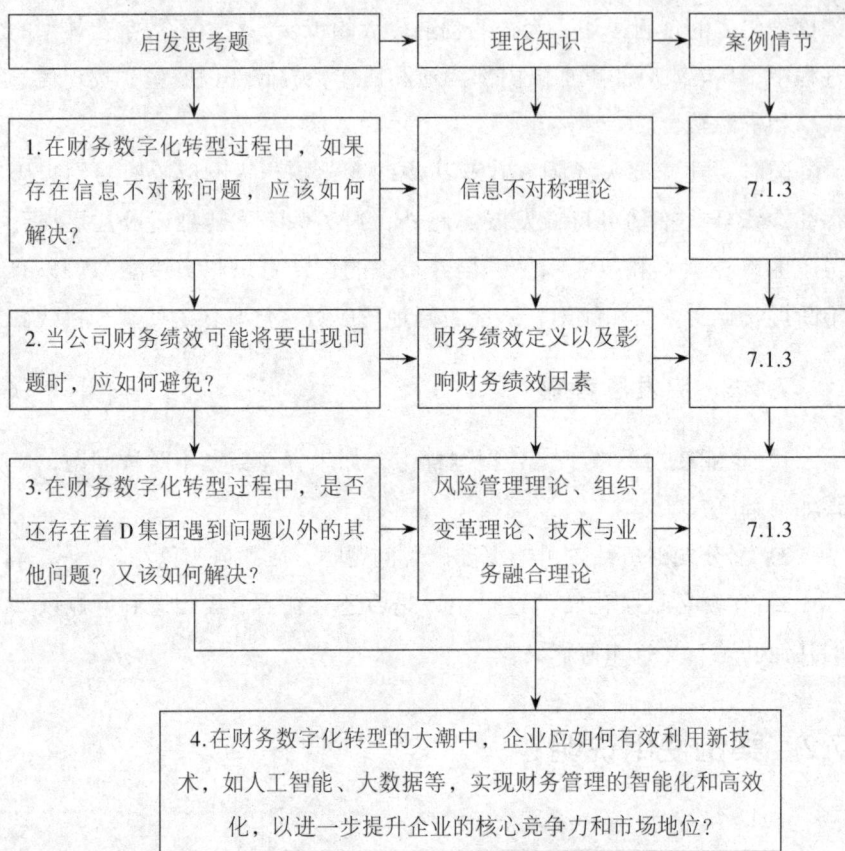

启发思考题	理论知识	案例情节
1.在财务数字化转型过程中，如果存在信息不对称问题，应该如何解决？	信息不对称理论	7.1.3
2.当公司财务绩效可能将要出现问题时，应如何避免？	财务绩效定义以及影响财务绩效因素	7.1.3
3.在财务数字化转型过程中，是否还存在着D集团遇到问题以外的其他问题？又该如何解决？	风险管理理论、组织变革理论、技术与业务融合理论	7.1.3

4.在财务数字化转型的大潮中，企业应如何有效利用新技术，如人工智能、大数据等，实现财务管理的智能化和高效化，以进一步提升企业的核心竞争力和市场地位？

图7-1　案例分析基本思路示意图

7.2.3　理论依据及分析

1）在财务数字化转型过程中，如果存在信息不对称问题，应该如何解决？

【理论依据】

本案例基于信息不对称理论，分析信息不对称问题解决方案。

（1）信息不对称理论的定义

信息不对称理论是指在市场经济活动中，各类人员对有关信息的了解是有差异的；掌握信息比较充分的人员，往往处于比较有利的地位，而信息贫乏的人员，则处于比较不利的地位。信息不对称理论是由三位美国经济学家约瑟夫·斯蒂格利茨、乔治·阿克尔洛夫和迈克尔·斯彭斯提出的。

该理论认为：市场中卖方比买方更了解有关商品的各种信息；掌握更多信息的一方可以通过向信息贫乏的一方传递可靠信息而在市场中获益；买卖双方中拥有信息较少的一方会努力从另一方获取信息；市场信号显示在一定程度上可以弥补信息不对称的问题；信息不对称是市场经济的弊病，要想减少信息不对称对经济产生的危害，政府应在市场体系中发挥强有力的作用。这一理论为很多市场现象如股市沉浮、就业与失业、信贷配给、商品促销、商品的市场占有等提供了解释，并成为现代信息经济学的核心，被广泛应用到从传统的农产品市场到现代金融市场等各个领域。

（2）信息不对称产生的原因

首先是市场内部的不完善因素。市场参与者所掌握的信息本身就不完善，存在不对称性。买卖双方在信息获取和处理能力上存在差异，导致一方可能比另一方拥有更多或更少的信息。

其次是社会分工和专业化。社会劳动分工使得不同行业的劳动者之间产生了巨大的行业信息差别，同时，由于客观条件的复杂性和人的认识能力的限制，绝对意义上的完全信息是不可能的。

再次是官僚主义和形式主义导致的上下级之间的沟通不畅，基层人员为了应付上级的检查、考核、评比，可能做表面文章、搞"假把式"，从而导致信息失真。

最后是在面对一次性交易或双方不熟悉、不信任的情况下，信息不对称更为明显。缺乏有效的信息公开和第三方监管，导致一些领域如医疗、金融等行业中，供需双方之间存在严重的信息不对称问题。

【案例分析】

从信息不对称产生的原因角度分析，在财务数字化转型过程中，D集团首先建立了一个名为"D云图"的数字化平台，并在该平台上采用了开放的信息共享模式，以此解决了信息不对称问题。D云图汇集了集团各个业务板块的财务数据，通过实时的数据可视化和分析，使D集团对自身的财务状况和业务状况有了更为准确和全面的了解。

D集团还通过建立智能工厂生态圈来解决信息不对称问题。该生态圈的核心是整合D集团内部和外部的资源，包括供应商、合作伙伴等，共同探讨解决信息不对称的问题。例如，D集团与供应商和合作伙伴共同探讨如何通过数字化技术提高生产效率，降低成本，并通过共享信息和经验，共同推动财务数字化转型的进程。此外，D集团还通过智能工厂生态圈提供示范案例，为其他企业提供财务数字化转型的参考和借鉴，增强企业信心和动力。

此外，D集团还通过"T+3"全价值链数字化运营体系，实现了整个商业价值链的透明运作，并正在公司内部实施C2M模式，由"以产定销"向"以销定产"转变。这一模式的实施，使得D集团能够更好地掌握市场需求和客户反馈，从而更有效地进行产品研发和生产，进一步降低了信息不对称的风险。

在供应链金融方面，D集团也采取了一系列措施来解决信息不对称问题。例如，D集团主导的封闭式互联网供应链金融模式，打破了第一阶段信息不对称的壁垒，实现了D集团与供应商之间的信息共享，从而提高了供应链的效率和稳定性。

总的来说，D集团通过建立数字化平台、实施全价值链数字化运营体系、建立智能工厂生态圈和供应链金融模式等多种方式，有效地解决了财务数字化转型过程中的信息不对称问题，提高了企业的运营效率和竞争力。

2）当公司财务绩效可能将要出现问题时，应如何避免？

本案例基于财务绩效定义以及影响绩效的因素，分析解决问题的方案。

【理论依据】

（1）财务绩效定义

财务绩效是企业战略及其实施和执行为最终的经营业绩作出的贡献，主要通过盈利能力、营运能力、偿债能力和抗风险能力这四方面体现。财务绩效能够全面展示企业在成本控制的效果、资产运用管理的效果、资金来源调配的效果以及股东权益报酬率的组成。

财务绩效可以通过财务杠杆分析企业的钱从哪里来，通过速动比率判断企业会不会倒闭，通过应收账款周转率、存货周转率等指标判断企业生意做得怎么样，还可以通过成本率、销售费用率、管理费用率、研发费用率等指标分析企业的盈利水平。

财务绩效是反映财务部门工作效率与工作效能的程度指标。财务绩效评价是企业日常管理内容的重要组成部分。

（2）影响绩效的因素

影响绩效的主要因素有员工技能、外部环境、内部条件以及激励效应。员工技能是指员工具备的核心能力，是内在的因素，经过培训和开发是可以提高的；外部环境是指组织和个人面临的不为组织所左右的因素，是客观因素，是我们完全不能控制的；内部条件是指组织和个人开展工作所需的各种资源，也是客观因素，在一定程度上我们能改变内部条件的制约；激励效应是指组织和个人为达成目标而工作的主动性、积极性，激励效应是主观因素。

【案例分析】

从财务绩效角度分析，D集团生产成本高，竞争优势不明显。

基于影响绩效因素而言，为避免企业绩效问题的出现，应对组织或个人设定合理目标，建立有效的激励约束机制，使员工向着组织期望的方向努力从而提高个人和组织绩效；通过定期有效的绩效评估，肯定成绩指出不足，对组织目标达成有贡献的行为和结果进行奖励，对不符合组织发展目标的行为和结果进行一定的约束。通过这样的激励机制促使员工自我开发提高能力素质，改进工作方法，从而达到更高的个人和组织绩效水平。

在绩效管理过程中，企业管理涉及对人和对事的管理，对人的管理主要是激励约束问题，对事的管理就是流程问题。所谓流程，就是一件事情或者一个业务如何运作，涉及因何而做、由谁来做、如何去做、做完了传递给谁等几个方面的问题，上述四个环节的不同安排都会对产出结果有很大的影响，极大地影响着组织的效率。各级管理者都应从公司整体利益以及工作效率出发，尽量提高业务处理的效率，应该在上述四个方面不断进行调整优化，使组织运行效率逐渐提高，在提升了组织运行效率的同时，逐步优化了公司管理流程和业务流程。

3）在财务数字化转型过程中，是否还存在着D集团遇到问题以外的其他问题？又该如何解决？

本案例基于风险管理理论、组织变革理论、技术与业务融合理论，分析数字化转型中存在的问题，分析解决方案。

【理论依据】

（1）上市公司财务数字化中存在的问题

第一，数据治理和质量问题：上市公司需要引入数字化技术和信息系统，这时就会面临大量的数据管理问题，如数据质量和一致性问题。由于在使用多个业财系统后，可能出现数据不互通的情况，需要手动处理基础数据，这就会严重影响深度分析和决策支撑。

第二，技术选型和集成问题：在实施财务数字化转型过程中，企业需要解决技术选型和集成问题。例如，哈药集团股份有限公司在财务共享服务中心的转型过程中，就需要选择合适的技术和系统，并进行集成。

第三，组织变革和人员培训问题：财务数字化转型需要企业进行组织变革和人员培训，以适应新的工作方式和流程。例如，用友集团在进行财务数字化转型时，就需要对员工进行培训，以适应新的工作方式。

第四，安全和隐私保护问题：财务数字化转型过程中，企业需要注重安全和隐私保护问题。例如，在使用云计算等新兴技术时，需要确保数据的安全和隐私。

第五，经济政策不确定性问题：在进行财务数字化转型时，企业还需要考虑经济政策不确定性问题。例如，在治理水平低、非国有企业中，经济政策不确定性可能会抑制数字化转型对财务风险的抑制作用。

（2）风险管理理论、组织变革理论、技术与业务融合理论

风险管理理论：在财务数字化转型过程中，企业需要建立完善的风险管理体系，通过识别、评估和控制风险，确保财务数字化转型的顺利进行并降低潜在损失。

组织变革理论：在财务数字化转型过程中，企业需要关注文化和组织的变革，通过调整组织结构、改变员工行为等方式，推动财务数字化

转型的顺利实施。

技术与业务融合理论：技术与业务之间的深度融合是企业财务数字化转型成功的关键，企业需要找到技术与业务之间的最佳结合点，实现技术创新与业务创新的协同发展。

【案例分析】

基于上市公司财务数字化中存在的问题以及风险管理理论、组织变革理论、技术与业务融合理论角度，D集团在财务数字化转型过程中存在缺乏有效数据管理策略和工具、数据难以实时整合分析，没有建立统一的数字化基座、财务信息不对称，财务数字化转型技术人员短缺、财务绩效存在一定问题等诸多问题。针对以上问题，D集团可以建立数据管理策略、选择合适的数据管理工具、实现实时数据整合、加强培训和人才建设以及与第三方合作等。通过以上措施的实施，公司能逐步建立统一的数字化基座，解决财务信息不对称的问题。在提高公司的财务管理水平和市场竞争力的同时，公司也需要不断总结经验教训，不断优化人才战略和技术发展方向，以应对日益激烈的市场竞争。

D集团的财务数字化转型是一个持续的过程，虽然遇到了以上问题，但是财务数字化转型的效果显著，财务数字化转型使D集团的工作效率显著提升。D集团通过引入ERP（企业资源计划）系统，实现了财务信息的集中管理和快速处理。

D集团在财务数字化转型过程中，除了上述提到的问题，还可能面临以下挑战：

财务数字化转型不仅仅是技术层面的升级，更涉及企业文化和组织架构的变革。D集团作为一个大型企业集团，可能面临内部员工对变革的抵触、各部门之间的利益冲突等问题。D集团可以推动文化与组织变革，可以通过内部培训、宣传等方式，提高员工对数字化转型的认识和接受度。同时，通过优化组织架构、明确职责分工等方式，减少变革过程中的阻力。

尽管D集团在财务数字化转型过程中取得了显著成就，但在如何将先进的技术与具体业务深度融合方面，可能仍存在一定的挑战。D集团可以设立专门的技术与业务融合团队，负责推动技术与业务的深度融合。同时，通过制订详细的技术应用方案和业务改进计划，确保数字化转型能够真正为业务带来价值。

D集团还可能面临更多的法规遵从问题，同时财务数字化转型本身也可能带来新的风险点，如网络安全风险、数据保护风险等。D集团可以建立完善的法规遵从体系，确保企业在财务数字化转型过程中始终遵守相关法律法规。同时，通过加强网络安全防护、建立数据保护机制等方式，降低财务数字化转型带来的风险。

7.2.4 背景信息

1）数字化转型趋势

当前环境下行业边界和壁垒正在消失，新技术、新渠道、新跨界对手层出不穷，消费者需求快速迭代，业务模式持续进化，监管与法律法规也更为严格，各行各业都在探索属于自己的"新常态"。这些挑战要求企业重塑应对变化的韧性，在风云变化的竞争中迅速调整已有的战略方案和商业模式，并能够相应地优化业务流程、组织架构和管理模式。企业高效、迅速、能动、应变的能力需要强有力的数字化工具来支撑，数字化转型已经成为企业未来成长的关键驱动因素。远程办公、协同办公工具、数据基础、网络安全、核心与专业会计系统都足够有效，甚至比预期更有效。

复杂多变的环境彻底地重塑了企业的经营方式，也改变了财务职能在企业中的地位，使其从后端职能转变为关乎企业生存发展的支柱性职能。在数字化浪潮席卷每一个行业和组织的当下，也是财务职能重新规划自身未来定位，积极主动地拥抱变革、应对变革的绝佳契机。财务人员对数字和数据具备天然的敏锐直觉，应当成为数字化的先锋。面对全球可持续发展带来的巨变，对于很多财务职能部门来说，真正的挑战在于如何投身于这场变革，联动数据、洞见和协作，成为新的商业世界的塑造者。

2）中国家电制造行业概况

中国家电制造行业一直处于不断发展壮大的趋势，在全球范围内占据着重要地位。《2023 中国家电行业上市公司品牌价值榜》显示，D 集团、海尔智家和格力电器位居前三，品牌价值均超过千亿元。

就具体产品型号而言，原来使用单一洗衣机和洗碗机的家庭可能会更倾向于使用集成式的洗衣机和洗碗机，这是因为它们可以节省空间，并提供更高效的洗涤和清洁效果。此外，随着智能家居的普及，家电产品也逐渐智能化，例如，小天鹅最新发布的四合一跨界洗衣机"双洗站 MAX"，就是一个成功的例子。未来，中国家电产业还将在创新力推动下呈现智能化、场景深度融合等特点。

在技术创新方面，中国家电制造行业也取得了显著的进步。例如，美芝、威灵展示了消费电器系统级解决方案，并发布了五大创新技术，包括空调器、全屋用水采暖、洗衣机等领域的技术分享会。此外，中国家电企业也在积极推动环保技术的应用，例如美芝、威灵推动 R290 环保冷媒产品的研发和应用，这是其核心研发战略之一，已近 20 年布局，通过压缩机小型化设计降低 R290 制冷剂浓度，设计专用机油与压缩机结构提升能效表现。

在市场规模方面，中国家电制造行业也在不断扩大。国家发展和改革委员会数据显示，2023 年 1—5 月份我国家用电器出口额 362 亿美元，同比下降 1%，其中电风扇、空调、冰箱、洗衣机、吸尘器出口量分别为 22 418 万台、2 756 万台、2 559 万台、1 085 万台、5 207 万台，同比增长分别为 17%、−34%、−34%、371%、15%，出口额分别为 332 亿美元、428 亿美元、326 亿美元、136 亿美元、201 亿美元。

总的来说，中国家电制造行业在技术创新、产品设计、市场规模等方面都取得了显著的进步，并在全球范围内占据着重要地位。

7.2.5 关键要点

1）关键点：会计信息不对称的定义、产生原因以及 D 集团对其进行解决处理的措施；财务绩效的定义、影响财务绩效的因素以及 D 集团的应对措施；上市公司在财务数字化进程中所存在的问题以及风险管理理论、组织变革理论、技术与业务融合理论对财务数字化转型的影响；财务数字化的定义以及对企业的积极影响、作用。

2）关键能力点：信息梳理与分析能力、整理运用材料的综合能力、批判性思维能力、前瞻性思考能力、数据整合分析能力。

7.2.6 建议课堂计划

1）时间计划

本案例可以作为专门的案例讨论课，安排在"财务管理""财务会计""会计学前沿理论与实务"等课程中进行，整个案例课的课堂时间控制在90~100分钟，具体安排如下：

课前计划：授课教师提前介绍案例涉及的相关理论知识，发放教学案例，请学生在课前完成阅读和初步思考，根据思考题理清案例线索；提前分好小组（4~5人为一组），要求各小组制作PPT。

课中计划：向学生阐明本次案例课的主题，以及本次课的教学目的、要求安排等（5分钟）。

按照案例使用说明中"分析思路"部分提出的引导问题，让学生自行讨论（30分钟）。

各小组以PPT的形式进行展示，老师通过互动的方式将相关知识点适时穿插在讨论中（50分钟）。

引导全班进一步讨论，并由教师进行归纳总结，提炼和强调相关知识点（15分钟）。

课后计划：请学生采用报告形式给出更加具体的解决方案，包括具体的职责分工，为后续章节内容做好铺垫。

2）课堂提问逻辑

结合案例启发思考题、案例发展情节以及课堂教学内容，归纳梳理理论依据与案例情节之间的逻辑关系与要点内容，从而激发学生参与的积极性，促使学生发散思维以及培养学生问题分析的能力。案例的课堂提问逻辑及参考问题，如图7-2所示。

问题 1：
信息不对称是如何
定义的？

信息不对称理论的
分析和解决方案

问题 2：
为什么会导致信息
不对称？

问题 3：
D 集团的信息不对
称属于什么类型？

问题 4：
D 集团是如何对信息
不对称采取解决措施的？

公司财务绩效

问题 5：
当公司财务绩效可能将要
出现问题时，应如何避免？

问题 6：
财务数字化转型的理论
依据是什么？

财务数字化转型

问题 7：
D 集团如何实现财务管理的
智能化和高效化？

问题 8：
D 集团财务数据处理的经
验和总结有哪些？

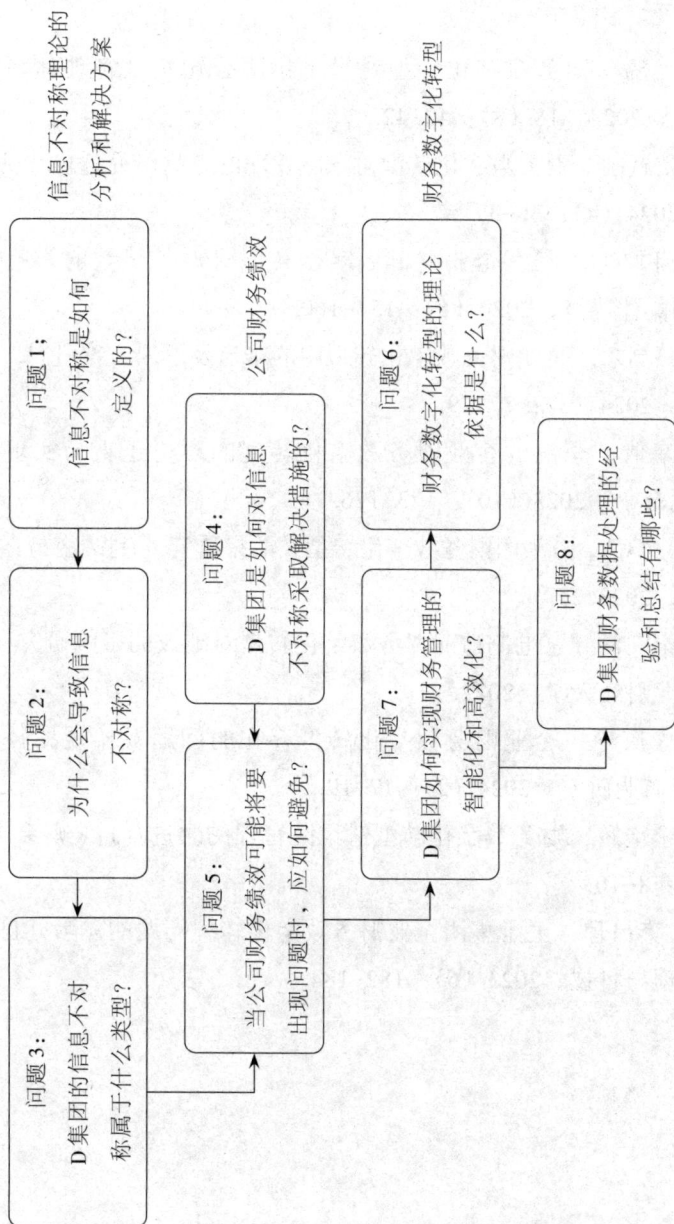

图 7-2　课堂提问逻辑示例图

7.3 主要参考文献

[1] 马璐. 财务数字化转型背景下集团公司资金管理体系建设 [J]. 纳税，2024，18（8）：40-42.

[2] 贺跃刚. 财务数字化转型对风险管理的影响研究 [J]. 现代商业研究，2024（4）：35-37.

[3] 冉均平. 国有企业财务数字化转型对财务绩效的影响研究 [J]. 中国集体经济，2024（6）：157-160.

[4] 葛高永. 企业财务数字化转型中的难点及解决方案 [J]. 大众投资指南，2024（3）：77-79.

[5] 李倩，李响. 企业财务数字化转型的理论逻辑与实现路径 [J]. 现代商业，2023（10）：173-176.

[6] 原婉清. D集团财务数字化转型及效果研究 [D]. 南昌：华东交通大学，2023.

[7] 秦向涵. 家电制造业财务数字化转型对绩效的影响研究 [D]. 大连：东北财经大学，2022.

[8] 曾庆艳. 企业财务数字化转型存在的问题及实现路径探析 [J]. 现代商业研究，2024（2）：17-19.

[9] 李艳娇. 财务数字化转型对风险管理的改进 [J]. 财会学习，2024（1）：8-10.

[10] 李昌琼. 关于集团企业财务数字化转型问题的思考 [J]. 中小企业管理与科技，2023（6）：182-184.

8 D城市经营发展公司会计信息化案例

本案例通过对D城市经营发展公司财务信息化管理现状进行调研和分析，让企业财务信息化管理系统的改进具有一定的现实意义，同时这也是企业财务信息化管理研究中的一个重要环节。

8.1 案例正文

在当今数字化快速发展的时代，城市经营发展公司作为城市经济建设的重要力量，面临着日益复杂的市场环境和管理需求。会计信息化作为信息技术与会计工作深度融合的产物，给城市经营发展公司的财务管理带来了深刻的变革和机遇。

随着城市的不断发展和扩张，城市经营发展公司需要更高效、更精准的会计信息处理方式来支持其决策制定、资源配置和风险管控等活动。传统的会计处理模式已经难以适应现代企业管理的要求，会计信息化的应用成为必然趋势。通过信息化手段，公司能够实现会计数据的实时收集、处理和共享，提高财务信息的透明度和准确性，为公司的战略规划和运营管理提供有力的支持。

然而，在城市经营发展公司推进会计信息化的过程中，也面临着诸多挑战和问题。例如，信息系统的兼容性、数据安全与隐私保护、员工的信息技术素养等方面都需要进一步优化和提升。本案例旨在深入探讨城市经营发展公司会计信息化的应用现状、存在问题及解决对策，为推动城市经营发展公司的会计信息化进程提供有益的参考和建议，促进公司的可持续发展，更好地适应城市建设和经济发展的需要。

8.1.1　公司情况介绍

D 城市经营发展公司于 2020 年 5 月 27 日在四川省德阳市成立，该企业的营业范围包括水的生产与供应业：生产和供应自来水、制造和销售桶装与瓶装生态矿泉水；维修服务：一般设备维修、专用设备维修、电器维修、仪表维修；公共设施的经营；供排水技术咨询服务；环境保护监测；环境卫生管理；绿化管理；城市公园管理；医疗废物清运和处置；餐厨垃圾运输和处置；金属废料的处理；非金属废品的加工处置；安全技术预防；安全风险评价；除危化品以外的货物批发（不含危险化学品）、零售、物流、餐饮、饭店、投标代理、物业管理；除危化品以外的仓储服务（不含危险化学品）；信息系统整合与网络技术服务。

D 城市经营发展公司主营的是城市经营行业。城市经营，作为现代社会发展中的关键一环，是以政府为主导，协同私营部门、第三部门及社会公众，对城市所有资产进行聚集、重组、运营，从而实现城市自我积累与自我发展的过程。它不仅涵盖了城市规划与设计、基础设施建设、公共服务与产业运营等多个方面，还强调以市场化手段优化城市资源配置，提高城市管理的效率与品质。在全球化与城市化进程加速的背景下，城市经营行业的重要性日益凸显。有效的城市经营不仅能够提升城市的吸引力与竞争力，推动经济社会的持续发展，还能优化居民的生活品质，增强城市的综合承载能力。

当前，国内外城市经营市场呈现出蓬勃发展的态势。随着新型城镇化的推进，城市基础设施建设和公共服务需求持续增长，市场规模不断扩大。同时，科技的进步和创新也为城市经营提供了新的手段和模式，推动了市场的快速发展。

在参与者方面，除了传统的政府部门和国有企业外，越来越多的私营企业和社会资本也开始涉足城市经营领域，形成了多元化的市场格局。这些企业通过引入先进的经营理念和技术手段，提高了城市经营的效率和水平。

8.1.2 事件介绍

1）D城市经营发展公司会计信息化初级阶段

D城市经营发展公司刚建立时，在其会计的日常工作中，采用金蝶财务软件进行财务工作。整个软件的应用流程可以分成三个主要步骤：初始阶段、日常管理阶段、期末处理阶段。每个步骤都分别有建立新的账套、账套选项、基本数据录入、初始数据输入、使用账套五个内容。

在D城市经营发展公司，有相当一部分管理人员把会计信息化理解成了简单的会计电算化，认为它只不过是通过计算机来对会计数据进行简单的处理，从而减少会计人员的工作负担，并提高他们的工作效率和工作质量。一些领导也觉得，公司已经实现会计电算化，就没有必要再进行财务信息化，没有把财务信息化放在心上。

D城市经营发展公司的会计信息化管理效率较低，而且人力资源消耗较大，资金耗费较多，企业经济效益没有完全被激发。目前，很多企业已经建立较为完整的会计信息系统，在企业财务管理中发挥着积极作用。然而，D城市经营发展公司会计信息系统的建设还不够完善，这对企业会计信息化发展的具体实施造成了不利影响。D城市经营发展公司财务信息化程度较低，并没有将会计信息系统应用到财务管理中为企业带来效益，这对财务管理信息系统的建设工作造成了很大的阻碍。

2）D城市经营发展公司会计信息化建设阶段

随着市场竞争的加剧和公司经营规模的不断扩大，D城市经营发展公司在经营中遇到了一些问题，其中最为突出的是会计信息化方面的问题。

为了解决这个问题，公司决定引入会计信息系统。经过深入的市场调研和对比分析，公司最终选择了一款适合自身业务特点的会计信息系统，并开始了系统的实施和上线工作。

但在实施过程中，公司遇到了一些困难和挑战。

首先是员工对系统的接受程度不高，需要进行系统的培训和宣传。其次是系统实施过程中出现了一些技术问题，需要进行及时的解决和调整。为了克服这些困难，公司采取了一系列措施。第一，公司组织了专业的培训团队，对员工进行系统培训，提高员工的操作能力和系统意识。第二，公司成立了技术支持团队，及时解决系统实施过程中出现的问题，确保系统的顺利运行。

经过一段时间的努力，公司的会计信息系统终于成功上线，并取得了显著的效果。通过系统自动化处理，公司的会计核算和报表制作效率得到了大幅提升，人力和时间成本也得到了显著降低。同时，系统的准确性和可靠性也得到了保障，大大降低了出错的可能性。

D城市经营发展公司通过引入会计信息系统，成功地解决了经营中遇到的问题，提高了财务管理效率和质量，为公司的持续发展奠定了坚实的基础。

8.1.3 面临的问题

1）员工对系统的接受程度不高

在这家充满活力的公司里，员工们迎来了一项重要的变革：会计信息系统的引入。然而，随之而来的是一系列挑战。首先是许多员工缺乏系统操作技能和知识，导致无法充分理解和利用这一新系统。这可能缘于培训不足或缺乏持续学习机会，需要公司加强培训计划，为员工提供持续的技能提升机会。

员工们被固有的习惯和思维方式所束缚，难以适应新的信息化系统，因为他们长期以来一直采用传统的会计工作方式。在这种情况下，需要进行文化转变和意识形态的调整，鼓励员工接受新技术，培养开放的思维方式。

此外，员工们对系统稳定性和安全性存在担忧，担心系统故障或数据泄露问题。为了解决这一问题，公司应加强系统维护和安全措施，提高员工对系统的信任度。而且，公司缺乏有效的培训和激励机制，未能为员工提供足够的学习动力，进一步加剧了员工对系统的抵触情绪。

为了提高员工对会计信息系统的接受程度，D城市经营发展公司制定了一系列对策：

加强系统操作技能和知识的培训。组织专业的培训活动，帮助员工掌握系统的基本操作和相关知识。

引导员工转变思维方式和习惯。通过宣传和教育，让员工认识到信息化带来的便利和效益。

提升系统的稳定性和安全性。加强系统维护和管理，减少员工的顾虑和担忧。

建立激励机制和奖励制度。设立奖励制度，激励员工积极学习和使用系统。

这是一个长期而复杂的过程，需要公司从多个方面入手，采取综合措施解决问题。通过加强培训、引导转变思维、提升系统性能以及建立激励机制，逐步提高员工对会计信息系统的认识和接受程度，推动企业财务管理的现代化。这个故事告诉我们，面对挑战，关键在于团结一致，共同努力，才能迎来成功的变革。

2）会计信息系统实施中存在的技术问题

在D城市经营发展公司的会计信息系统实施过程中，出现了如下三个问题：数据输入不准确、数据重复和冗余、数据完整性不足。这些问题给公司的财务管理带来了不小的困扰，需要采取相应的改进措施来提升数据质量和系统效率。

数据输入不准确。数据输入的准确性是一个关键问题。由于会计信息系统的数据输入主要依赖人工操作，员工们在操作中可能会出现输入错误，从而影响数据的准确性。为了解决这一难题，公司决定引入数据验证和校验机制，对数据进行合理的检查和审查，以减少人为错误的发生。此外，他们设置了数据字段的规则，实现自动验证数据的格式和范围，并加强员工培训，以提高数据输入的准确性。

数据重复和冗余。数据重复和冗余问题也引起了公司的重视。在数据录入和处理过程中，数据重复或冗余的情况可能导致数据的不一致性和效率低下。为了解决这一难题，公司制定了改进措施：建立数据清洗和去重机制，对输入的数据进行检查和清理，以避免重复和冗余数据的存在。同时，他们加强了数据管理和维护，定期对系统中的数据进行清理和整理，以确保数据的质量和系统的运行效率。

数据完整性不足。数据完整性的不足也成为了一个需要解决的问题。在会计信息系统中，数据可能存在不完整的情况，如缺少某些重要的字段或信息。为了保证数据的完整性，公司采取了一系列改进措施：对数据录入过程进行规范化管理，要求所有必要的字段和信息都要填写完整。此外，他们设计了系统提醒机制，对不完整的数据进行提醒和提示，以确保数据的完整性和准确性。

通过这些改进措施的实施，D城市经营发展公司逐渐解决了会计信息系统实施中遇到的数据管理问题，提高了数据的准确性、一致性和完整性，进一步推动了公司财务管理的现代化和高效运作。这个故事告诉我们，面对挑战，关键在于及时发现问题、迅速采取措施，从而不断提升企业的运营效率和数据质量。

8.1.4　尾声

通过实施会计信息化，D城市经营发展公司在提升会计信息质量方面取得了显著进展。公司通过提升会计信息化人员的专业水平，有效提高了工作效率和质量，使其能够更高效地运用各类会计软件和信息化工具，保证数据的准确性和可靠性。这不仅降低了风险，提升了内部控制水平，减少了潜在的安全风险和数据泄露的可能性，还促进了数字化转型和智能化发展。

会计信息化作为企业数字化转型的重要组成部分，推动公司不断提升信息化水平，适应市场变化和竞争挑战，进而推动了企业的创新和发展。公司通过更好地了解各项成本和支出情况，实现了资源的优化配置，降低了成本开支，提高了盈利能力。这些综合影响使得公司在财务数据处理方面更加快速、有效和准确，为企业的发展提供了坚实的基础和支持。

8.1.5 启发思考题

1）D城市经营发展公司在面对会计信息系统实施中的技术挑战时，采取了什么措施？

2）D城市经营发展公司后续采取了哪些办法继续提升自身在会计信息系统领域的建设水平？

3）从会计管理角度如何分析公司面对会计信息系统实施中的技术挑战？

4）如果你是D城市经营发展公司的管理层，你将如何提高员工对系统的接受程度？你会如何评估当前会计信息系统的性能，并提出优化建议？

8.2 案例使用说明

8.2.1 教学目的与用途

1）本案例适用于"财务报表分析""财务会计理论与实务""会计学"等课程关于会计信息化管理的内容教学。

2）本案例的适用对象是经济类、管理类专业的本科生。

3）本案例的教学目标：通过对D城市经营发展公司会计信息化分析进行回顾，引导学生深入了解会计信息化在企业管理中的重要性，熟悉会计信息系统的应用现状和问题，以及对企业财务管理的影响，激发学生思考会计信息化管理的优化和发展方向。

8.2.2 启发思考题分析思路

课堂引导学生进行分析的思路：课堂中可以按照图8-1所示的思路引导学生展开讨论。

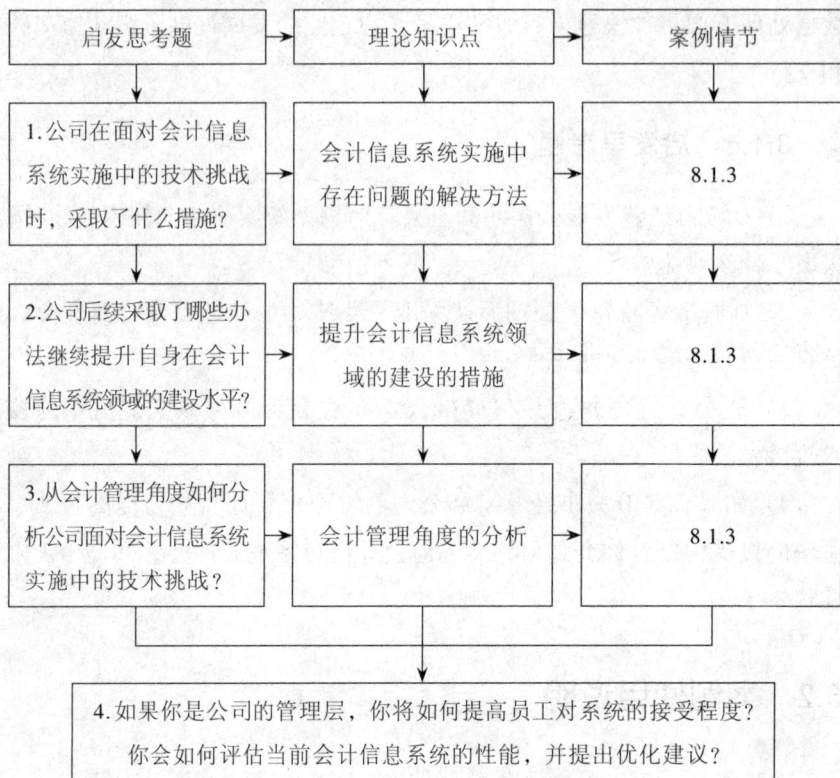

图 8-1 案例分析基本思路示意图

8.2.3 理论依据及分析

1) D 城市经营发展公司在面对会计信息系统实施中的技术挑战时，采取了什么措施？

【理论依据】

本案例基于高可用性理论、信息安全理论、企业系统集成理论，分析如何解决会计信息系统实施中存在的技术问题。

高可用性理论：确保系统在面对故障时能够保持服务的连续性和稳定性。

信息安全理论：保障数据的机密性、完整性和可用性，防止数据泄露和非法访问。

企业系统集成理论：通过标准化的技术手段，实现企业内部各系统之间的信息流通和共享。

【案例分析】

D城市经营发展公司面对会计信息系统的实施过程中的技术挑战，作出了以下行动。

在这个问题中，高可用性理论为公司提升系统稳定性指明了方向。通过实施冗余设计和故障转移机制，公司确保会计信息系统在面对硬件故障、网络中断等突发情况时，能够迅速恢复服务，避免对企业运营造成不良影响。

信息安全理论如同坚固的城墙，保护着公司的数据财富。严格的数据访问控制和加密措施，有效防止未经授权的访问和数据泄露；完善的数据备份和恢复机制，则是安全之锚，保障企业运营的连续性。每一份数据，都被细心守护。

企业系统集成理论则如同一座连接各部门的桥梁，促进信息的流通和共享。通过统一的接口标准和数据格式，信息在企业内部得以自由穿梭，提高了整体运营效率；同时，也减少了数据重复录入和格式转换的工作量，降低了出错率，提升了数据质量。

综上所述，D城市经营发展公司以高可用性理论、信息安全理论和企业系统集成理论为指导，制订了针对性的解决方案。我们通过提升系统稳定性、加强数据安全保护和优化系统集成等措施，确保会计信息系统的稳定运行和数据安全，提升了企业的整体运营效率和管理水平。这个故事告诉我们，在技术发展的浪潮中，智慧和勇气是通向成功的桥梁，而行动和创新则是实现目标的关键。

2）D城市经营发展公司后续采取了哪些办法继续提升自身在会计信息系统领域的建设水平？

【理论依据】

本案例基于负载均衡原理、组织协同理论、数据标准化和共享化原则、数据管理的连续性原则，分析如何提升建设会计信息系统领域水平的问题。

（1）系统稳定性提升的理论依据

负载均衡原理：通过合理分配系统资源，确保各节点均匀承担负载，提高系统的整体处理能力。

软件维护升级的重要性：定期的软件维护可以确保系统保持最新的功能和性能，及时修复已知的问题，提高系统的稳定性。

（2）数据安全增强的理论依据

多层安全防护体系：根据网络安全的多层次防御思想，通过组合使用多种安全技术和设备，实现更全面的安全防护。

数据备份与恢复策略：依据数据管理的连续性原则，通过定期备份和演练，确保数据的可靠性和可用性。

（3）系统集成优化的理论依据

统一数据交换平台的建设：遵循数据标准化和共享化原则，通过建立统一的数据交换平台，实现数据的统一管理和高效共享。

跨部门协同工作：基于组织协同理论，通过促进各部门之间的协同合作，打破信息孤岛，提高组织整体的效率和响应速度。

【案例分析】

D城市经营发展公司在面对会计信息系统实施中的技术挑战时，展现了坚定的行动力和智慧。为增强系统稳定性，他们引入负载均衡技术，让系统的压力得到有效分散，即使在高并发情况下，系统依然能够稳定运行。同时，定期对系统进行维护升级，及时修复软件漏洞，提升了系统的安全性。

为加强数据安全，公司采用了多层次的安全防护体系，包括防火墙、入侵检测系统等，全方位保护数据安全。同时，定期对数据进行备份和灾备演练，以确保在紧急情况下能够快速恢复数据。为优化系统集成的实际操作，公司建立了统一的数据交换平台，对数据格式和接口进行标准化，提高了数据共享效率。通过推动各部门之间的协同合作，打破信息壁垒，实现了业务流程的无缝对接。这些努力和举措得到了积极评价，体现了对技术问题的深入理解和有效应对。

公司不仅关注技术层面的解决方案，还结合业务需求和实际场景，制定出切实可行的措施。这种务实的做法有助于提升会计信息系统的稳定性和安全性，优化系统集成，从而提高企业的运营效率和管理水平。公司的行动符合现代信息技术管理理论，展现了对信息技术发展的敏锐洞察和前瞻思考。通过采用先进的技术手段和管理理念，公司能够更好地应对未来可能出现的挑战，保持竞争优势。

总的来说，D城市经营发展公司的行动值得肯定，为其他企业在解决类似技术问题时提供了有益的参考和借鉴，为企业的发展描绘了一幅充满活力和前景的画卷。

3）从会计管理角度如何分析公司面对会计信息系统实施中的技术挑战？

【理论依据】

本案例基于成本管理理论、财务控制理论、内部控制理论等，分析从会计管理角度如何解决系统实施中的技术问题。

从会计管理角度进行深入分析，我们首先需要明确会计管理在企业运营中的核心地位。会计管理不仅涉及企业资金的流动与记录，更涵盖了预算制定、成本控制、财务决策等多个层面。因此，对其进行全面而细致的分析，有助于企业实现更高效的资源配置和更稳健的发展。在会计管理中，预算制定是至关重要的一环。通过对历史数据的回顾与分析，以及对未来市场趋势的预测，企业可以制订出更为科学合理的预算方案。这不仅可以确保企业在运营过程中有足够的资金支持，还能有效避免资金浪费和不必要的风险。

成本控制同样是会计管理中的重要组成部分。通过对企业各个环节的成本进行详细核算与分析，可以找出成本过高的原因，进而制定出相应的成本控制措施。这不仅可以提高企业的盈利能力，还能增强企业的市场竞争力。

此外，财务决策也是会计管理的重要体现。在面临各种投资决策、融资决策等关键问题时，会计管理人员需要运用专业的知识和技能，为企业提供准确、可靠的财务数据支持。这有助于企业作出更为明智的决策，降低财务风险，实现可持续发展。

【案例分析】

D城市经营发展公司面对会计信息系统实施中的技术挑战，展现了果断行动的智慧和勇气。为确保数据完整性和准确性，他们建立了数据审核机制，完善操作流程，并进行员工培训，以确保数据录入和处理准确无误。同时，进行数据规范化处理，加强对数据的检验和验证，及时发现并处理错误数据。

面对系统兼容性问题，公司引入接口技术、数据转换工具等方法，确保各系统之间数据传递和交换的准确性和及时性。利用现代化的系统集成技术，如应用程序接口（API）、数据仓库等，实现系统之间的无缝集成，就像是编织一张错综复杂的网络，让各系统紧密相连。

为加强系统安全性，公司采用了防火墙、加密技术和权限控制等措施，确保会计信息系统的安全。强化身份认证，使用高级身份认证技术，如双因素认证、生物识别技术，确保只有授权人员可以访问系统。定期的安全检查和漏洞扫描成为保障系统安全的重要手段。

优化业务流程是不可或缺的一环。通过流程重组、标准化和自动化，提高了流程效率和精确度。分析并优化企业的相关业务流程，消除不必要的重复操作和烦琐环节，也提高了会计信息系统集成的效率和稳定性。

强化内部控制是保障财务安全的关键。会计信息系统提供了有效的内部控制机制，防止财务纠纷和欺诈行为。公司设立了有效的控制点，并合理分配权限，保证信息的保密性和可靠性。定期进行内部审计和风险评估，及时发现并解决潜在问题。他们就像是航行在汹涌海域中的船只上的船长，稳健而明智地引领着企业前行。这些努力和智慧的结晶，让D城市经营发展公司在信息化道路上稳步前行，为企业的未来奠定了坚实的基础。

4）如果你是D城市经营发展公司的管理层，你将如何提高员工对系统的接受程度？你会如何评估当前会计信息系统的性能，并提出优化建议？

【理论依据】

本案例基于企业战略规划理论、系统优化理论、奖励激励理论等，分析如何解决员工对系统接受程度不高，如何优化会计信息系统的问题。

管理层在企业会计信息系统中的作用是至关重要的。他们是会计信息系统的规划者、推动者和监督者，其决策和行动直接影响着系统的运行效果和企业的财务健康状况。管理层在会计信息系统的规划和设计阶段扮演着关键角色。他们需要根据企业的战略目标、业务流程和实际需求，制定系统建设的总体方案和技术路线。这包括确定系统的功能模块、数据流程、用户权限等，以确保系统能够准确、高效地满足企业的财务管理需求。管理层是推动会计信息系统实施和运行的重要力量。他们需要协调各方资源，确保系统的顺利部署和上线；需要制定相关的管理制度和操作规范，培训员工掌握系统的使用技巧，确保系统能够正常运行并发挥最大的效用；需要对会计信息系统的运行情况进行监督和评估；需要定期审查系统的数据质量和报告结果，确保数据的准确性和可靠性；需要关注系统的运行效率和安全性，及时发现并解决潜在的问题和风险；还需要不断推动会计信息系统的优化和升级。随着企业业务的发展和市场环境的变化，会计信息系统也需要不断适应新的需求和技术趋势。管理层需要关注行业最新的技术动态和最佳实践，及时调整和优化系统的功能和性能，以保持企业的竞争优势和持续稳健的发展。

【案例分析】

D城市经营发展公司在面对员工对系统接受程度不高的问题时，采取了一系列强有力的行动。为了提升员工对会计信息系统的认识和操作能力，公司组织了多场培训活动。他们邀请了系统供应商和专业培训机构进行现场指导和操作演示，帮助员工深入了解系统的基本功能、操作流程和优势所在。同时，公司建立了内部互助小组，让熟练员工带动新手，营造了互帮互助的学习氛围。另外，公司还设置了奖励机制，对那些积极学习并熟练掌握系统功能及流程的员工进行表彰和奖励，激发了员工的学习热情和参与度。

针对会计信息系统实施中存在的技术问题，公司采取了与技术团队紧密合作的方式。他们对系统进行了全面的技术评估和排查，并要求技术团队尽快修复和优化已发现的问题，以确保系统的稳定性和可靠性。同时，公司与技术供应商保持密切沟通，及时反馈问题并寻求技术支持，以确保问题能够得到及时有效的解决。此外，公司加强了与管理层之间的沟通，让他们了解当前系统实施的情况和所面临的挑战，共同商讨解决方案。通过加强内部沟通，形成了共识和合力，推动了系统实施的顺利进行。

公司持续关注系统实施后的效果，通过收集员工反馈和数据分析，对系统进行持续优化和改进。同时，公司也紧密关注行业发展趋势和新技术应用，不断更新和升级公司的会计信息系统，以适应不断变化的市场需求和发展环境。这些努力和行动展现了公司对技术挑战的积极面对态度和智慧决策，为企业会计信息化发展奠定了坚实基础。

8.2.4　背景信息

1）网络发展与会计行业变革快速

随着社会的不断发展和科技的进步，网络的快速发展已经成为当今社会不可分割的一部分。电子技术的广泛应用和新兴行业的涌现，以及经济全球化的趋势，都给会计行业带来了巨大的变化。会计工作不再仅仅是简单的数据处理，而是需要适应不断变化的社会、政治和经济环境，拓展新的业务领域以更好地满足时代需求。

2）企业发展与会计进步的现状

企业的发展与会计的进步密切相关。会计在统计和监控企业经济状况的同时，还需要对企业未来的发展进行预测。随着我国对外开放的不断深化，会计工作所处的外部环境也在发生变化。为了改善我国的投资环境，吸引更多外资，加快与世界经济接轨，会计这门国际商务语言也面临更高的要求。随着国家的进步和世界经济的发展，我国的会计准则将与世界接轨，形成新的会计准则。因此，基于网络的计量方式——"会计信息化"——应运而生。信息技术平台通过互联网整合了海量数据和信息资源，实现了项目运营，用户可以随时随地获取所需的网络服务。

在知识经济时代，任何企业和组织都离不开人才。会计作为企业重要的组成部分，必须运用信息化手段将内部管理和信息数据与财务活动联系起来，以发挥巨大的作用。然而，当前许多企业未能有效结合信息技术与企业信息化，对企业发展产生了不良影响。因此，对会计信息技术在企业中的应用情况和实现途径进行探讨和分析，对更好地发挥管理会计的积极功能至关重要。

3）国内外会计信息化领域的竞争激烈

在会计信息化领域，我国企业已步入综合开发阶段，但在会计信息系统应用方面仍存在诸多问题，如深层次应用较少、数据标准缺乏规范等。会计信息化作为热门话题吸引了国内外学者的关注，从会计电算化到大数据、云计算的应用，会计信息化不仅提高了财务效率，也带来了管理上的进步。企业会计信息化的实施与完善已成为高效率、低成本运营的基础，各界对会计信息化的投资力度不断加大。

在当今的会计信息化领域，竞争的激烈程度既受到行业内部因素的影响，也受到外部因素的影响。内部竞争主要表现在各个会计信息化服务提供商之间的竞争，包括软件开发公司、信息技术服务提供商等。这些公司竞相推出更先进、更高效的会计信息化解决方案，以吸引客户并保持竞争优势。他们不断地致力于研发和创新，以满足客户不断增长的需求，提高服务质量和技术水平。技术的快速发展推动了会计信息化领域的竞争。随着大数据、云计算、人工智能等新技术的应用，会计信息化的范围和深度不断扩展，企业对更高效、更智能的会计信息化解决方案的需求也在增长。这促使行业内的竞争更加激烈，各个服务提供商不断努力提升技术水平和创新能力，以满足市场需求。外部竞争涉及更广泛的领域，包括国内外市场、法规变化和技术发展等方面。

8.2.5 关键要点

1）关键点：明确会计信息系统实施中存在哪些技术问题，能采取哪些做法，该公司建立系统的情形；会计信息系统的定义，系统对公司的影响；从会计管理角度分析包括哪些方面；管理层在公司会计信息系统建设中的作用，有哪些需要提升的方面，有哪些加强监管的方法。

2）关键能力点：信息梳理与分析能力、整理运用材料的综合能力、批判性思维能力、前瞻性思考能力。

8.2.6 建议课堂计划

1）时间计划

整个案例课的课堂时间控制在40分钟。

课前计划：提出启发思考题，请学生在课前完成阅读和初步思考。

课中计划：简要的课堂前言，明确主题　　　　　　　（2~5分钟）

　　　　　分组讨论，告知发言要求　　　　　　　　（30分钟）

　　　　　小组发言，控制在30分钟内　　　　　　（每组5分钟）

　　　　　引导全班进一步讨论，并进行归纳总结　　（15~20分钟）

课后计划：如有必要，请学生采用报告形式给出更加具体的解决方案，包括具体的职责分工，为后续章节内容做好铺垫。

2）课堂提问逻辑

结合案例启发思考题、案例发展情节以及课堂教学内容，归纳梳理理论依据与案例情节之间的逻辑关系与要点内容，从而激发学生参与的积极性，促使学生发散思维以及培养学生问题分析的能力。案例的课堂提问逻辑及参考问题，如图8-2所示。

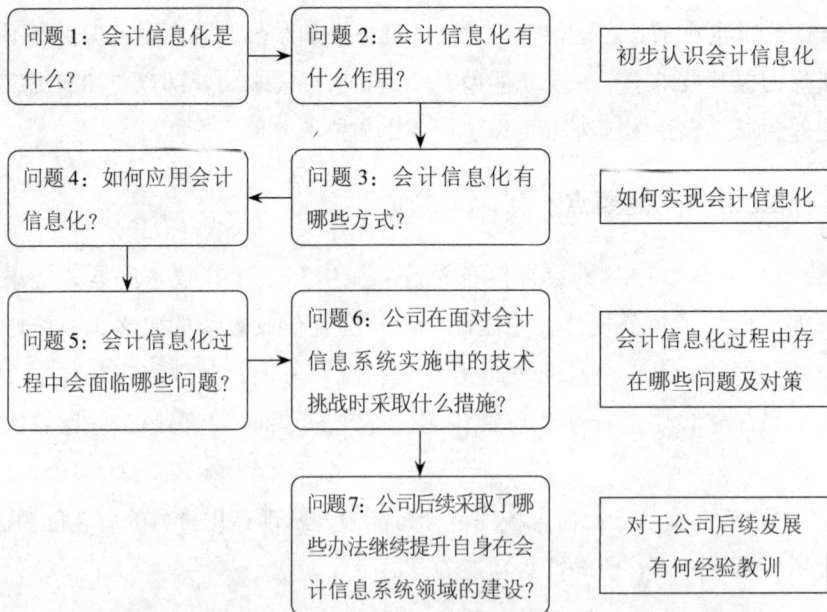

图 8-2　课堂提问逻辑示意图

8.3 主要参考文献

［1］杜继益. 会计智能化背景下企业智能会计信息系统的研究 ［J］. 中国集体经济，2024（14）：145-148.

［2］于军. 管理会计在科研单位中的应用探究 ［J］. 财会学习，2024（12）：84-86.

［3］蒋楠. 基于财务会计概念框架的会计信息系统重构研究 ［D］. 厦门：厦门大学，2009.

［4］张永雄. 基于事项法的会计信息系统构建研究 ［J］. 会计研究，2005（10）：29-34；96.

［5］王琪. 企业财务会计信息化建设中的问题及完善方法 ［J］. 中国市场，2024（15）：147-150.

［6］熊兰. 会计信息化对企业财务管理的影响研究 ［J］. 中国乡镇企业会计，2024（5）：172-174.

［7］张旭. 企业会计信息系统管理中内部控制影响因素分析 ［J］. 经济研究导刊，2024（6）：75-78.

［8］于江宁. 数字经济视角下企业会计转型与发展 ［J］. 财会学习，2024（6）：86-88.

［9］宁靖华，邓霄敏. 大数据背景下中小企业会计信息系统智能化改造研究 ［J］. 老字号品牌营销，2024（9）：150-152.

9 H集团财务共享中心的建立

9.1 案例正文

9.1.1 公司简介

1958 年 H 集团在广东省河源市建立。其是我国香槟酒行业的代表性企业，深耕香槟酒领域多年，H 集团在曾经在 2018—2020 年三年连续获得我国"国家香槟酒企业荣誉金奖"、"国家优质纳税企业"以及入围了"河源市优质香槟酒企业"。H 集团的发展是我国香槟酒企业改革创新的缩影，因此能够在很大程度上代表我国香槟酒企业的发展状况。公司秉承"实干创造未来"的企业家精神，坚持作出高品质产品，本着"追求、质量、技术、精神"八字宗旨，基于香槟酒市场需求进行不断创新，使公司始终处于香槟酒行业的前沿，引领香槟酒行业的发展。H 集团坚持全方位的发展，形成了完善的业务体系。

9.1.2 事件介绍

1）问题初暴露——分散式财务管理"漏洞百出"

1980 年以前，H 集团发展靠的是分散式财务管理模式，分公司、子公司财务部门独立，然后将财务报告分级上报。这种分散式财务管理模式后来已经不能适应 H 集团的全球化扩张，不仅不能保证信息传递速度，而且传送回来的数据也不够准确，增加了企业财务管理的难度。

这种分散式财务管理模式存在的主要问题表现在以下几个方面：

第一，H 集团的组织结构冗余，带来成本高、效率低等问题。H 集团在大规模发展时期成立了大大小小多家子公司，而且在每家子公司都建立独立的财务部门使 H 集团形成了庞大复杂的组织层级。子公司独立的财务部门意味着无数相似业务的分开处理，财务人员其实单一重复做着大量的工作，使财务工作的完成效率低下，而且使传递成本随着业务的扩展而上升。

第二，容易导致财务信息传递速度慢、准确性不足。H 集团的财务信息在超多层级的组织层次中层层传递，不仅导致财务信息的传递速度慢，而且因为 H 集团各子公司处于不同的地理位置，使用的财务信息系统也不同，这使得财务信息不够准确。

这些问题表明 H 集团分散式财务管理模式影响了财务信息的质量，使得独立的财务部门之间形成了信息孤岛，不利于 H 集团的集团化管理。于是企业高层说："必须改！且要找到最适合企业的财务管理模式。"

2）构建财务共享中心——开启财务新纪元

1980 年后，公司逐渐扩大规模，产品线不断丰富。旧模式影响了财务信息的质量，使得独立的财务部门之间形成了信息孤岛。只有建立新的财务模式才能使公司发展下去。因此，H 集团的财务共享中心筹备建立。其发展分为四个阶段：筹备阶段（1999—2005 年）；初创阶段（2006—2008 年）；发展阶段（2008—2011 年）；开拓阶段（2012 年至今）。

（1）筹备阶段——迈出第一步

H集团开始进行财务数据集中的第一步在1999年迈出，当时H集团在内部设立了ATM取款机，希望借此实现集团和银行直通互联的效果，组建了H集团首批网络报销系统，这表明H集团对财务管理模式进行符合企业发展目标的创新，从H集团财务共享方面入手，开始了信息系统工具的早期建设。H集团在这一时期统筹规划，制定了统一的会计编码、会计制度原则、流程和数据，成为之后建立财务共享中心的基础，H集团进行财务管理模式创新的大体框架在这时基本有了雏形，为形成统一集成处理平台做了充足的准备。

（2）初创阶段——打下基础，立足国内

经过前期打好基础，H集团在2006年对整个集团的财务处理流程重新规划，精简流程、培养新型人才、完成了业务人员在整个集团的重新组合。H集团立足国内，首先将国内的销售数据进行了统一。2007年，H集团就已经集中了中国地区集团所有部门的财务数据。2008年，H集团的财务共享中心运营体系基本得到完善。这一阶段H集团通过集中网络金融系统，统一管理子公司的财务业务，为以后控制和管理会计电子数据平台打下基础。

（3）发展阶段——多维度、智能化

H集团在2009年又在财务共享中心中加入了智能财务服务。使用影像系统的财务共享中心，实现了财务共享中心多种管理工具的综合使用。H集团的业务流程改造咨询业务在2010年也如火如荼地开展。发展到2011年，H集团IT经营部和云计算服务中心陆续建成并投入使用，为财务共享中心向着集成化多维度的信息化平台发展提供了信息技术方面的强大支持。

（4）开拓阶段——发展新趋势

2012年开始，H集团在国内基本完成财务共享中心改造，进而将目光置于集团不同国家的财务共享的相互衔接，H集团的财务共享开始向国际辐射。站在时代发展的前沿，H集团基于云计算的发展致力于共享服务的系统性、全局性的创新优化，财务共享中心向财务云转型是其发展的最新趋势。

3）解密企业的财务共享中心

H集团的财务共享中心主要负责提高财务管理水平与效率。它通过采用相同的标准作业流程对所有子公司进行管理，废除了冗余的步骤和流程。这样的模式使得财务共享中心能够拥有相关子公司的财务数据，有利于数据的汇总和分析，更容易实现跨地域、跨部门的数据整合。同时，这种模式也使得信息系统（硬件和软件）的标准化和更新变得更加便捷，并能节约成本。

财务共享中心包含六大业务内容，即费用报销、采购到付款、订单到收款、存货到成本、总账、报表等财务流程。这些流程的重点在于提升效率，保证数据的准确性、及时性和有效性。除此之外，财务共享中心还需要流程改进、预算管控、绩效管控和投资管控等功能的支持。

4）财务共享中心带来的效果

（1）有效降低成本

将H集团管理人数增长率、管理费用增长率、资产总额增长率的相关数据以折线图的形式合并观察，可以知道，2006年之前，H集团还在筹建财务共享中心，相关业务的处理仍处于低效率的水平，随着H集团迈向国际化的步伐不断加快，各种业务更加复杂，H集团资产总额增长率是低于管理人数增长率的，并且可以看出H集团实施了财务共享管理模式后，2007年及以后，资产总额增长率高于管理费用增长率。2012年以后，三者的变化幅度趋于平稳、差距基本稳定，资产总额增长率以小范围差距高于管理人数和费用的增长率。从折线图可以看出，管理人数增长率和管理费用增长率总体呈下降趋势，这表明H集团财务共享中心的建立和不断完善降低了H集团的人力成本，但两者的具体变化并不完全呈现相同态势，可见H集团成本费用的减少不仅仅因为人力成本的减少，财务共享服务的实施也对其他方面的成本起到降低作用。历年数据统计见表9-1和图9-1。

表9-1 历年数据统计

年份	管理人数（人）	管理人数增长率	管理费用（千元）	管理费用增长率	资产总额（千元）	资产总额增长率
2004	3 300	92.90%	3 899 003	51.55%	20 830 022	32.11%
2005	3 774	14.36%	3 137 066	−19.54%	21 779 131	4.56%
2006	5 435	44.01%	1 244 683	−60.32%	25 760 693	18.28%
2007	5 131	−5.59%	1 777 754	42.83%	39 173 096	52.07%
2008	6 226	22.12%	2 099 715	18.11%	50 865 921	29.85%
2009	6 865	9.60%	2 567 928	22.30%	68 342 322	34.36%
2010	8 459	23.21%	2 410 294	−6.14%	84 152 357	23.13%
2011	8 765	3.61%	2 431 703	0.89%	105 368 114	25.21%
2012	6 294	−28.19%	2 281 472	−6.18%	107 446 306	1.97%
2013	5 802	−7.82%	2 202 267	−3.47%	100 079 497	−6.86%
2014	5 989	3.22%	2 031 445	−7.76%	106 214 196	6.13%
2015	5 307	−11.39%	2 383 355	17.32%	120 893 897	13.82%
2016	5 031	−5.20%	2 487 920	4%	141 640 910	17%
2017	4 562	−9.32%	3 057 210	23%	143 962 220	2%
2018	4 730	3.68%	3 651 500	19%	129 350 750	−10%
2019	4 883	3.23%	4 772 820	31%	141 202 140	9%

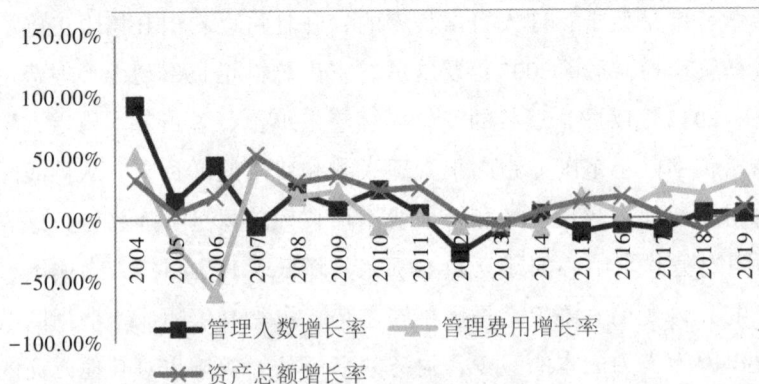

图9-1 相关增长率折线图

财务处理基本情况对比见表9-2。

表9-2　　　　　　　　　　**财务处理基本情况对比**

时间	基础业务处理人员	总成本（万元）	单据处理成本（元/单）	单据处理时间（小时）	财务业务处理时间（天）
财务共享中心建立前	87	619	15.44	168	2.80
财务共享中心建立后	43	296	4.43	72	0.22
变化数	44	323	11.01	96	2.58

从表9-2能够看出，财务共享中心帮助H集团在处理基础业务方面的总成本下降了大概50%。财务共享中心建立的影像系统将原始票据处理为电子数据，使得单据处理成本和单据处理时间都有所下降。H集团财务共享中心高效的标准化流程制度，减少了企业在财务、设备、IT、人力资源等多个方面的成本。

（2）服务质量及运作效率提升

H集团的财务共享中心推动了集团服务质量等相关核心业绩指标的不断上升，同时提高了业务流程运作效率、员工工作效率。例如，作为财务工作重点之一的费用报销，之前费用报销是没有统一标准的，不同子公司执行不同标准，导致财务工作的客观公正性难以得到保障，H集团员工在处理工作时难免有所疑虑，需要多次和总部进行沟通，在这种情况下服务质量得不到保障，运作效率也比较低下。在财务共享模式下，H集团设立了财务呼叫中心，以统一的接口和界面面向集团所有员工，并对他们工作中的疑问进行解答，使得H集团员工之间的沟通简单高效，提升了服务质量和员工满意度，也提高了效率。

（3）财务服务一体化集团战略得以推进落实

从H集团财务管理模式的实施背景可以看出，它之所以进行以共享服务为基础的创新，是因为原来的财务管理模式与集团全球化的发展战略并不匹配。财务共享中心将不同地区子公司分散财务组织的基础财务业务进行集中。H集团财务共享中心的数据产品，子公司财务部门财务管理人员可以直接得到，业务决策得到了财务数据的有力支持。H集团不同战略决策以及财务管理需求都可以通过业务财务体系直接、快速传递到业务单元决策层，通过高效执行力以及标准财务流程推进了 H 集团全球化、集团化的发展战略。

（4）实现集团范围的财务监控

H 集团下属各业务单位的财务情况在以前分散式财务管理模式下有可能存在潜在的舞弊，因为发送到集团总部的财务情况缺乏时效性和准确性，也难以对其进行有效监管，而 H 集团通过财务共享中心完成了对财务数据在整个集团范围内的监管，通过财务共享中心，财务人员和业务人员之间实现相对的独立，联系被切断，业务的处理彻底透明，原始凭证在不同的业务处理人员之间进行随机的传送与处理，财务共享服务基于流程和作业分工进行运转的工作模式使得潜在舞弊的可能性大大降低。

9.1.3 尾声

财务共享服务模式对企业运行管理、组织优化、业务管理流程等多个方面的完善是有着巨大的帮助的，并且一系列保障举措实现了企业内部业务和财务之间的衔接、沟通与融合，财务管理主导作用得以发挥，企业财务管理水平也得到提升。H 集团建立财务共享中心的经验值得我们借鉴，它表明了财务共享是企业进行财务管理模式创新、积极跟上时代步伐的有益探索，我们必将看到 H 集团财务共享随着信息技术的不断完善、相关研究的不断深入，拥有更多发展机遇，实现发展的更多可能。大数据、物联网与各行业的融合速度令人惊叹。这不仅促进业财融合发展、会计信息质量提高，而且未来财务会向管理不断靠近的趋势也已经非常明显，财务共享中心将成为多维度、一体化的集团级数据平台，助力企业战略目标的实现。未来财务共享中心将由 1.0 阶段直接提速发展，达到 3.0 阶段，开启无边界企业财务共享平台的全新发展阶段。

9.1.4 启发思考题

1）H 集团在财务共享中心的建设过程中，会遇到哪些挑战？

2）H 集团如何衡量财务共享中心的运营效果？

3）H 集团财务共享中心与企业其他部门如何进行有效的沟通协作？

9.2 案例使用说明

9.2.1 教学目的与用途

1）本案例适用于"财务报表分析""财务会计理论与实务""会计学"等课程关于财务共享中心建设分析的内容教学。

2）本案例的适用对象包括MPAcc、MBA学生以及经济类、管理类专业的本科生。

3）本案例的教学目的：通过对H集团财务共享中心的建设案例进行回顾，引导学生进一步了解财务共享中心建设的现实情况，深入思考财务共享中心建设过程中的监管问题。

9.2.2 启发思考题分析思路

授课教师可以根据自己的教学目标（目的）来灵活使用本案例。这里提出本案例的分析思路，如图9-2所示，仅供参考。

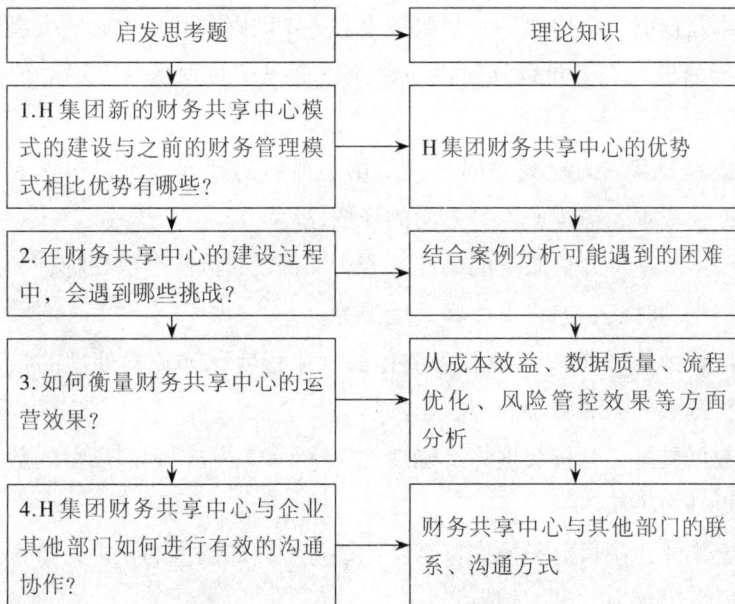

图9-2　案例分析基本思路示意图

9.2.3 理论依据及分析

1）H集团在财务共享中心的建设过程中，会遇到哪些挑战？

【理论依据】

本题基于《财务数字化转型——大型企业财务共享中心建设实践》中财务共享中心建设的困难与挑战提出。财务共享中心建设会遇到流程再造困难、系统集成难题等。

【案例分析】

H集团在建设财务共享中心过程中对原有分散的财务流程进行全面梳理和优化，可能会遇到部门间利益冲突、习惯改变阻力等问题；要将不同的财务系统及相关业务系统进行有效整合，接口开发、数据兼容性等方面容易出现问题；要确保数据的格式、口径统一，数据的准确性、完整性面临挑战，数据清洗、系统集成和转换工作成难题；财务人员面临职能转变，可能存在抵触情绪，部分人员需要重新安置和培训。

2）H集团如何衡量财务共享中心的运营效果？

【理论依据】

本题依据《构建财务共享服务中心》中的财务共享中心所实施的效果进行分析。企业可以通过以下几个方面来衡量财务共享中心的运营效果：

成本效益：对比建立财务共享中心前后的运营成本，包括人力成本、办公成本、流程成本等方面的降低程度。

服务水平：评估服务的响应速度、准确性、满意度等指标，如业务处理的平均时长、差错率、客户反馈等。

流程效率：考察各项业务流程的优化程度，如流程处理的自动化率、关键流程的流转时间等。

数据质量：分析数据的准确性、完整性、一致性，高质量的数据有助于更好的决策。

合规性：确保财务操作符合法律法规和内部制度的要求，检查违规事件的发生频率。

标准化程度：衡量财务流程、政策、表单等的统一和规范程度。

业务支持能力：看是否能及时、有效地支持企业各业务部门的财务需求。

人员绩效：评估财务共享中心员工的工作效率、技能提升等情况。

战略贡献：分析对企业整体战略目标实现的推动作用，如是否助力企业快速扩张等。

风险管控：考察对财务风险的识别、预警和防控能力。

系统稳定性：监测相关信息系统的运行稳定性、可靠性和可用性。

持续改进：关注是否有持续改进的机制和实际效果。

【案例分析】

H集团在衡量自身财务共享中心运营效果时，主要从成本、效率和质量三个方面进行。成本方面：核算成本降低率，即比较建立财务共享中心前后财务核算相关成本的下降比例，如人力、办公等费用；成本费用占比变化，即观察财务共享中心运营成本在公司总成本中的占比是否合理且呈下降趋势。效率方面：业务处理时间缩短率，即计算各项财务业务处理的平均时间较之前的缩短程度；资金周转率提升情况，看资金的流转效率是否因财务共享中心的高效运作而提高。质量方面：财务数据准确率，通过差错率等指标衡量。

财务报表编制及时性：考察财务报表能否按时、高质量完成。资金集中管理效果：评估资金集中调配和管控的成效，如资金闲置减少、融资成本降低等。资金风险防控能力：分析在资金管理方面对风险的防范和应对能力。资产利用率提升：看财务共享中心是否促进公司财务相关资产的更有效利用。预算执行偏差率：检查预算的执行与实际的偏差情况，衡量财务共享中心对预算管理的支持效果。此外，一些综合的财务指标，如净资产收益率、投资回报率等，也可以用来评估财务共享中心对公司整体财务效益的影响。

3）H集团财务共享中心与企业其他部门如何进行有效的沟通协作？

【理论依据】

财务共享中心与其他部门进行有效沟通需要建立明确的沟通渠道：如固定的会议、工作群组、专门的沟通平台等，确保信息传递顺畅。制定沟通流程和规范：明确不同情况下的沟通顺序、责任人和时间要求。

跨部门培训：财务共享中心为其他部门提供相关财务流程、制度的培训，增进理解。定期沟通会议：包括周会、月会等，汇报工作进展、协调问题。设立联络人制度：每个部门都指定专人与财务共享中心对接，提高沟通效率。使用统一的沟通语言和术语：避免因理解差异导致沟通障碍。主动反馈机制：财务共享中心及时向相关部门反馈业务的处理情况。走动式沟通：鼓励双方人员主动到对方工作区域交流。可视化沟通工具：如流程图、看板等，清晰展示业务流程和关键信息。解决问题导向：针对出现的问题，共同探讨解决方案，而不是相互指责。意见收集：定期收集其他部门对财务共享中心的意见和建议，持续改进。

【案例分析】

首先，H集团会计人员需要掌握相关信息系统的操作和应用技能，从传统的手工记账转向熟练运用系统进行数据录入、查询、分析等。对数据处理和分析能力的要求提高，要能够从大量系统生成的数据中提取有价值的信息，并进行深入分析以支持决策。风险意识方面，要更加关注信息系统相关的风险，如数据安全风险、系统故障风险等，具备相应的风险应对能力。

其次，协作能力变得很重要，因为会计信息系统的实施往往需要与其他部门紧密合作，会计人员需更好地与不同专业人员沟通协调。对会计人员的学习能力要求提升，要能快速适应信息系统的更新升级以及新功能的出现，需要具备一定的系统管理知识，以便更好地理解和配合系统的维护与管理工作。

再次，在合规性方面，要熟悉与信息系统相关的法规政策，确保数据处理和操作的合法合规。对会计人员的创新能力也可能提出要求，思考如何利用系统进一步优化财务流程和工作方式。

最后，要考虑到随着信息系统的发展，对会计人员在其他相关领域知识的扩展需求，以更好地适应新的工作环境和要求。

9.2.4　关键要点

1）关键点：财务共享中心模式的优势以及H集团财务共享中心体

现的具体优势；如何衡量财务共享中心的运营效果、H集团是如何衡量的。

2）关键能力点：信息梳理与分析能力、整理运用材料的综合能力、批判性思维能力、前瞻性思考能力。

9.2.5 建议课堂计划

1）时间计划

本案例可以作为专门的案例讨论课，安排在"财务报表分析""财务会计理论与实务""会计学"等课程中进行，整个案例课的课堂时间控制在90~100分钟，具体安排如下：

课前计划：授课教师提前介绍案例涉及的相关理论知识，发放教学案例，请学生在课前完成阅读和初步思考，根据启发思考题理清案例线索；提前分好小组（4~5人为一组），要求各小组制作PPT。

课中计划：向学生阐明本次案例课的主题，以及本次课的教学目的、要求、安排等（5分钟）。

课程导入：简要介绍小组案例的背景和目标　　　　　（10分钟）

小组划分与任务分配　　　　　　　　　　　（5分钟）

小组讨论与分析　　　　　　　　　　　　　（30分钟）

小组汇报　　　　　　　　　　　　　　　　（20分钟）

互动交流、点评和交流，促进思维碰撞。　　（20分钟）

总结归纳　　　　　　　　　　　　　　　　（10分钟）

课后计划：请学生采用报告形式给出更加具体的解决方案，包括具体的职责分工，为后续章节内容做好铺垫。

2）课堂提问逻辑

结合案例启发思考题、案例发展情节以及课堂教学内容，归纳梳理理论依据与案例情节之间的逻辑关系与要点内容，从而激发学生参与的积极性，促使学生发散思维以及培养学生问题分析的能力。案例的课堂提问逻辑及参考问题，如图9-3所示。

问题 1：什么是财务共享？ → 财务共享中心的定义及流程

问题 2：财务共享中心如何建立？

问题 3：H 集团财务共享中心建立过程

问题 4：H 集团财务共享中心如何运作？ → 财务共享中心的影响

问题 5：建立财务共享中心对 H 集团的影响有哪些？

问题 6：财务共享中心未来的发展趋势 → 财务共享中心的完善

问题 7：H 集团的财务共享中心还有哪些不足？

问题 8：H 集团财务共享中心的建立对同行业公司有哪些启发？

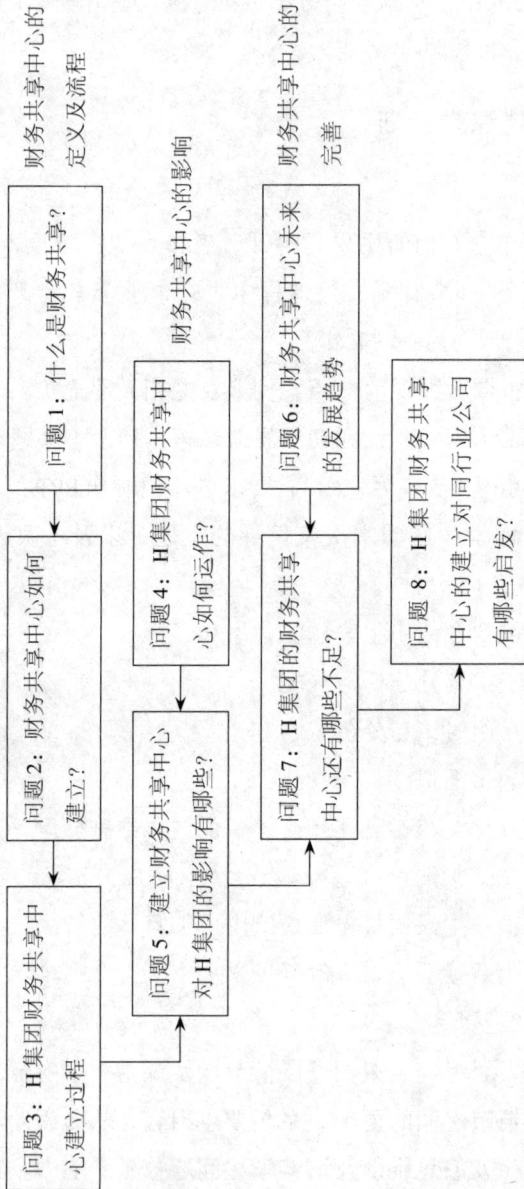

图 9-3 课堂提问逻辑示例图

9.3　主要参考文献

[1] 李晓雯，张阳明，王思. 机场管理集团财务共享中心建设探究 [J]. 中国乡镇企业会计，2022（7）：127-129.

[2] 刘欣然，陈雨薇. 财务共享中心税务模块优化建设探讨 [J]. 冶金经济与管理，2021（4）：37-40.

[3] 杨翔宇，赵文涵，黄子轩. 香槟酒企业财务共享中心建设存在的问题研究 [J]. 质量与市场，2021（13）：67-69.

[4] 徐雪婷，孙宇航. 强化财务共享中心建设 [J]. 河源商界，2020（6）：30-32.

[5] 曾佳琪，郑浩然. 企业财务共享中心建设分析 [J]. 投资与创业，2023，34（11）：117-119.

[6] 钟雨婷，刘俊杰，吴雅. 企业财务共享中心建设的难点及应对 [J]. 企业改革与管理，2019（11）：138-140.

[7] 冯泽宇，谢梦菲. 国企市场化改制下财务共享中心建设分析 [J]. 产业创新研究，2023（11）：159-161.

[8] 许思远，何韵. 企业建设财务共享中心对策研究——以S香槟酒集团公司为例 [J]. 财务管理研究，2023（6）：60-68.

[9] 林翔宇，汪子轩. 财务共享中心建设研究——基于业财一体化趋势的视角 [J]. 商业会计，2023（11）：79-84.

[10] 宋欣怡，范佳琪，袁雨. 业财税融合下的企业财务共享中心建设 [J]. 纳税，2023，17（16）：52-54.

[11] 卢泽宇，蔡雅娟，崔阳. 关于香槟酒公司建设财务共享中心的研究 [J]. 大众投资指南，2017（11）：191-193.

[12] 方心怡，史思远. 数字化转型背景下的财务共享中心建设之路 [J]. 商场现代化，2023（10）：186-188.

[13] 潘韵宁，董晓雯，姜浩. 企业财务共享中心建设研究 [J]. 河源经济，2020（16）：121-124.

[14] 许子轩，梅欣怡，宁雅娟. 多元化集团企业财务共享中心建

设分析 [J]. 质量与市场，2023（10）：106-108.

[15] 易阳明，姚心怡. 香槟酒企业财务共享中心的建设研究 [J]. 支点，2023（5）：104-106.

[16] 贺思远，常韵. 县域医共体财务共享中心建设的实践探索 [J]. 卫生经济研究，2023，40（5）：90-93.

[17] 艾翔宇，田俊杰，康雨薇. "互联网+"视角下第三方医检企业财务共享中心建设研究 [J]. 纳税，2021，17（13）：31-33.